Allgäuer Voralpen

Herbert Mayr

Karten-
Legende
auf den
Umschlag-
klappen

KOMPASS

Wanderführer

Impressum

1. Auflage 2011 Verlagsnummer 5423 ISBN 978-3-85026-374-0

Text und Fotos: Herbert Mayr
Titelbild: Aussichtsreich wandern vor großer Kulisse;Bild S. 4/5: Allgegenwärtig: das Panorama der Oberstdorfer Hochalpen; Bild S. 6/7: Riedberger Horn und Dreifahnenkopf über dem Talschluss des Ostertals
Grafische Herstellung: wt-BuchTeam, Garching a.d.Alz
Wanderkartenausschnitte: © KOMPASS Karten GmbH

Alle Angaben und Routenbeschreibungen wurden nach bestem Wissen gemäß unserer derzeitigen Informationslage gemacht. Die Wanderungen wurden sehr sorgfältig ausgewählt und beschrieben, Schwierigkeiten werden im Text kurz angegeben. Es können jedoch Änderungen an Wegen und im aktuellen Naturzustand eintreten. Wanderer und alle Kartenbenützer müssen darauf achten, dass aufgrund ständiger Veränderungen die Wegzustände bezüglich Begehbarkeit sich nicht mit den Angaben in der Karte decken müssen. Bei der großen Fülle des bearbeiteten Materials sind daher vereinzelte Fehler und Unstimmigkeiten nicht vermeidbar. Die Verwendung dieses Führers erfolgt ausschließlich auf eigenes Risiko und auf eigene Gefahr, somit eigenverantwortlich. Eine Haftung für etwaige Unfälle oder Schäden jeder Art wird daher nicht übernommen. Für Berichtigungen und Verbesserungsvorschläge ist die Redaktion stets dankbar. Korrekturhinweise bitte an folgende Anschrift:

Walter Theil, Irmengardstr. 9, D-84518 Garching a.d.Alz
Tel.: 0049/(0)8634/689803, Fax: 0049/(0)8634/689804
info@wt-buchteam.de, www.wt-buchteam.de

KOMPASS-Karten GmbH, Kaplanstraße 2, A-6063 Rum/Innsbruck
Tel.: 0043/(0)512/2655610, Fax: 0043/(0)512/2655618
kompass@kompass.at, www.kompass.at

Herbert Mayr

Was machen die Allgäuer Voralpen für Sie so besonders? Kurze Anfahrten, früh im Jahr schneefreie Südaufstiege in vertrauter Umgebung mit einem Vorgeschmack auf die kommende Bergsaison, schier unermessliche Ausblicke von rasch erreichbaren Kammwanderungen: Berge aus zweiter Hand sozusagen. Archaisches Erosionsmaterial aus höheren, südlicheren Alpenregionen, achtlos verfrachtet, vergessen, abgelagert am Meeresgrund und aufgefaltet wiedererstanden als rätselhafte Nagelfluhbauwerke. Urplötzlich in die Höhe schnellend, recht eigensinnig mit Ecken und Kanten, finster dreinschauenden Brüstungen und zugespitzten Türmen, gnomenhaft, oft ein abweisender Riesenverhau und gerade deshalb anziehend! Aber auch die aus anderen Gesteinen gebauten, den Hochalpen vorgelagerten, liebenswerten Kleingipfel über eingezwängt rumorenden Bergwassern, wie könnte man sie je vergessen: Lebensbegleiter mal für Mountainbike und Bergstiefel, mal für Tourenski oder Schneeschuh.

Vorwort

Zwischen einer gedachten Linie Steibis – Immenstadt – Wertach im Norden und dem Riedbergpass sowie Altstädten und Bad Hindelang im Süden bietet dieser Führer beiderseits des Alpenflusses Iller eine überschaubare Auswahl an reizvollen Wegen in den Allgäuer Voralpen an. Die Mehrzahl davon dürfte noch nicht so bekannt sein.

Gerade der Naturpark Nagelfluhkette erfreut sich bei der Jugend, aber auch bei älteren Semestern einer zunehmenden Beliebtheit. Die deutlich unter der 2000-Meter-Grenze liegenden Routen überanstrengen nicht und begeistern mit einem steten Wechsel an ausgeprägten Kleinlandschaften. Die Startpunkte zu den meistens gut beschilderten Wanderungen sind fast alle mit öffentlichen Verkehrsmitteln erreichbar. Wer gelegentlich mit einer mehrtägigen Unternehmung liebäugelt, der kann die faszinierende Oberallgäu-Trekking-Route von Steibis nach Pfronten unter die Wanderstiefel nehmen.

Die sich südlich anschließende Hochregion der Allgäuer Alpen beinhaltet der KOMPASS-Wanderführer „Allgäu-Allgäuer Alpen“, das sich nördlich fortsetzende Gebiet des Alpenvorlandes ist im KOMPASS-Wanderführer „Allgäu-Oberallgäu“ dargestellt.

Herbert Mayr

Aussichtsreich Wandern vor großer Kulisse

Inhalt

Länge (in Kilometern)	Höhenmeter Aufstieg	Höhenmeter Abstieg	Parkplatz	öffentliche Verkehrsmittel	Aufstiegshilfe	Abstiegshilfe	Einkehr	Übernachtungsmöglichkeit	Gipfel	Schwindelfreiheit nötig	Kinderwagentauglich	Kinderfreundlich	Fahrradtauglich	kulturelle Highlights	für Allergiker geeignet	Bademöglichkeit	mit Panoramablick	Rundtour
13,5	687	687	●	●	–	–	●	●	–	–	–	○	–	●	–	–	–	○
10	81	777	●	●	●	–	●	–	●	–	–	●	–	●	–	–	●	○
10,5	127	127	●	●	–	–	●	–	–	–	–	○	–	–	–	●	●	●
5,75	518	518	●	–	–	–	●	–	●	–	–	–	–	–	●	–	●	○
16	842	842	●	●	–	–	●	–	●	–	–	–	–	–	–	–	●	○
9,5	819	819	●	●	–	–	●	–	●	–	–	●	–	–	–	–	●	●
16	739	739	●	●	–	–	●	–	●	–	–	–	○	–	–	–	●	○
10,75	57	57	●	●	–	–	●	–	–	–	–	●	–	●	–	–	●	●
8,75	768	768	○	●	–	–	●	–	●	–	–	–	○	–	–	–	●	–
7	287	915	●	●	●	–	●	●	●	–	–	●	–	–	–	–	●	○
8,75	469	469	●	●	–	–	●	–	●	–	–	●	–	–	–	–	●	●
9,5	702	702	●	●	–	–	●	–	●	–	–	○	–	–	○	–	●	○
5,25	278	278	●	●	–	–	●	–	–	–	–	●	–	–	–	–	–	●
11	435	435	●	●	●	●	●	–	–	–	–	○	○	–	–	–	–	–
14	733	733	●	●	●	●	●	–	●	–	–	●	○	–	–	–	●	–
8,75	608	608	●	●	●	●	●	–	●	–	–	–	○	–	–	–	●	○
8	28	28	●	●	–	–	●	–	–	–	○	○	–	●	–	–	●	●
4,75	137	137	●	●	–	–	●	–	–	–	–	●	–	●	–	–	●	●
9,5	682	682	●	●	–	–	●	–	●	–	–	●	–	–	○	–	●	○
55	1611	2418	●	●	●	–	●	●	●	–	–	–	–	●	–	●	●	–

● Schwierigkeitsgrad ● Ja ○ Bedingt – Nein

Das Gebiet

Als Übergangszone zwischen dem Allgäuer Alpenvorland und den Hochalpen erschließen die durch mehrere Täler gegliederten Voralpen mit Gipfelhöhen bis zu gut 1800 Metern eine überaus beliebte Wanderregion. Hier ist alles noch recht beschaulich, ein wenig verspielt. Das erhabene Felsenreich der Oberstdorfer und Hindelanger Berge bildet bei Streifzügen die Hintergrundkulisse.

Westlich des Illertals bildet der von Steibis nach Immenstadt verlaufende Prodelkamm die Nordgrenze des vorgestellten Berglands mit seinen Tälern, Tobeln und Klammen. Als Hauptwasseradern des Gebietes sind zu nennen die Weissach, die Gunzesrieder Aach mit ihren Quellbächen Aubach und Ostertalbach und die Bolgenach. Diese einerseits an Alpweiden, andererseits an bezaubernden Kammwegen reiche Wander-Vorzugsregion liegt bis zum Balderschwanger Tal hin komplett innerhalb der höchst eigenwilligen Welt des Naturparks Nagelfluhkette.

Auffallendste Erscheinung dieser aus Molasse, zusammengebackenem Geröll, gebildeten Zone ist die langgestreckte Nagelfluhkette selbst, vom Hohen Häderich über Hochgrat, Rindalphorn und Stuiben zum Mittag: jähe Felsfluhen, scharf geschnittene Rippen und Grate. Auch der Siplingerkopf mit der bizarren Siplingernadel reiht sich samt seinen südlich des Aubachtals aufragenden Nachbarn in die Galerie der ausgeprägten Nagelfluhberge ein.

Rund um das Ostertal und hinüber zu den Terrassendörfern Ofterschwang, Bolsterlang und Ober-

Die erlebnisreiche Wanderregion beiderseits der Iller ist bei der Jugend gefragt.

Hinter der Scheidwangalpe ragt der Girenkopf auf.

maiselstein sowie am Riedbergpass versammeln sich die meist sanft geformten, grünen Flyschberge. Beispielhaft sind das Rangiswanger Horn in der Hörnergruppe, der Wannenkopf und das Riedberger Horn, außerdem das Bleicherhorn. Wie schon die Nagelfluhberge sind auch diese Erhebungen besonders während des blumenprächtigen Frühsommers begehrt. Der aus unterschiedlichen Gesteinsarten aufgebaute und von den beiden Starzlachflüssen sowie dem Wertach-Oberlauf entwässerte kleinere östliche Teil der Allgäuer Voralpen mit dem weitläufigen Großen Wald zwischen Grünten und Wertacher Hörnle wird im Süden vom Ostrachtal und der Oberjochstraße tangiert, zum Alpenvorland hin von der Straße Rettenberg – Wertach. Den Vermittler zum Ostallgäu verkörpert die Reuterwanne. Die markantesten Berggestalten in der Südostecke sind der Kleine Hirschberg und der Spieser.

Alle Teilgebiete der Voralpen erweisen sich bestens mit Wegen, Pfaden und Steigen erschlossen, mit zahlreichen Einkehrmöglichkeiten gesegnet und haben als Bindeglieder zwischen dem Hügelland und der höheren Alpenregion eines gemeinsam: sowohl eine schier unermessliche Ausschau über das hügelige Alpenvorland wie auch vortreffliche Einblicke ins ernste Reich der Kalkalpen.

Charakteristisch für die Welt der Nagelfluh: die Siplingernadel.

Ausgangsorte

Bad Hindelang
mit Bad Oberdorf, Hinterstein, Oberjoch und Unterjoch; Marktgemeinde, heilklimatischer Kurort, Kneippkurort, Kneipp-Heilbad und Schwefel-Moorbad im Ostrachtal;
www.bad-hindelang.info

Balderschwang
Mitgliedsgemeinde der VG Hörnergruppe, verstreuter Erholungsort im Balderschwanger Tal und höchstgelegene Gemeinde Bayerns an der Grenze zu Vorarlberg;
www.balderschwang.de

Blaichach
mit Bihlerdorf und Gunzesried; Erholungsort im oberen Illertal und Gunzesrieder Tal;
www.blaichach.de

Bolsterlang
Mitgliedsgemeinde der VG Hörnergruppe und kleiner Erholungsort auf der westlichen Illerterrasse bei Fischen;
www.bolsterlang.de

Burgberg
mit Agathazell; Erholungsort am Fuße des Grüntens im oberen Illertal;
www.burgberg.de

Immenstadt
mit Akams, Bühl am Alpsee, Diepolz, Eckarts, Knottenried, Rauhenzell und Stein; „Städtle“ und Luftkurort an der Öffnung des oberen Illertals;
www.immenstadt.de

Oberstaufen
mit Aach im Allgäu, Steibis, Thalkirchdorf und Wiedemannsdorf; Marktgemeinde und Heilklimatischer Kneipp-Kurort (Schroth-Heilbad) über dem Weißachtal, in der Südwestecke des Oberallgäus;
www.oberstaufen.de

Ofterschwang
mit Tiefenberg; kleine Mitgliedsgemeinde der Verwaltungsgemeinschaft Hörnergruppe und Erholungsort auf der westlichen Illerterrasse bei Sonthofen;
www.ofterschwang.de

Rettenberg
mit Kranzegg, Untermaiselstein und Vorderburg; sonnenverwöhnter Erholungsort über der Öffnung des oberen Illertals;
www.rettenberg.de

Sonthofen
mit Altstätten und Hinang; Luftkurort und Zentrum des Oberallgäus im oberen Illertal, südlichste Stadt Deutschlands;
www.sonthofen.de

Wertach
Marktgemeinde und Luftkurort im oberen Wertachtal, nahe des Grüntensees;
www.wertach.de

Bad Hindelang im Ostrachtal.

Sehenswürdigkeiten und Ausflugsziele

Heimathaus Sonthofen

Im ältesten Teil Sonthofens steht an einer Stelle, wo in den dreißiger Jahren alemannische Grabstätten des 7. Jh. entdeckt wurden, das Heimathaus, ein Bauernhaus aus dem 18. Jh. Dieses beherbergt das Heimatmuseum, das als eines der reizvollsten in Bayern gilt. Dargestellt wird die wechselvolle Geschichte des oberen Allgäus und der Kreisstadt Sonthofen. Teilbereiche sind neben den alten Räumlichkeiten Küche, „gute Stube" und „Gaden" (Schlafzimmer), eine geologische Abteilung, eine frühgeschichtliche Sammlung, ein Trachtenraum, eine Musik- und Austragstube und eine Sammlung kirchlicher Kunst. Die Abteilung über die wirtschaftliche Entwicklung zeigt Flachsbearbeitungsgeräte, eine Nagelschmiede, Darstellungen zum Erzabbau am Grünten, eine Alpsennerei mit Glocken- und Schellensammlung, eine Skisammlung zur Geschichte des Skilaufs und eine Ausstellung über historische Straßen. Hinzu kommen die Holzmasken des Sonthofner Egga-Spiels und - nicht zu vergessen - die größte Weihnachtskrippe des Allgäus: die Mummener Krippe. Schließlich findet sich auch noch eine über 2500 Bände umfassende Allgäu-Bibliothek. Als lebendige Begegnungsstätte erfreut das Heimathaus den Gast laufend mit wechselnden Sonderausstellungen, Vorträgen sowie Stubenmusik- und Mundartabenden.

Museum beim Strumpfar

In einem betagten, denkmalgeschützten Bauernhaus aus dem 17. Jh. mit Schindelfassade in Oberstaufen kann man Ortsgeschichte und Brauchtum vergangener Zeiten nacherleben. Zu den vielen Handwerksausstellungen zählen eine Käserei, eine Küferei, eine Mosterei und Schnapsbrennerei, das Baderhandwerk, eine Strohhutfertigung, die Stör-Näherei und Stör-Stickerei sowie eine Schuhmacherwerkstatt und das Sattler- und Seilerhandwerk. Auf die Strumpfwirkerei mit altem Laden geht der Hausname Strumpfar zurück. Ein eigener Sakralraum widmet sich religiösen Themen. Außerdem entdecken die kleinen Besucher eine Spielzeugsammlung und eine Trachtenpuppen-Ausstellung.

Starzlachklamm

Die bei Sonthofen in die Ostrach mündende Starzlach hat beim Stadtteil Winkel, am Fuße des Grüntens eine der bedeutendsten Klammen des Allgäus geschaffen. Ein angelegter, mitunter in lotrechte Felsfluchten gesprengter Steig mit Eisenbrücken erschließt hinter dem bewundernswerten Schleierfall mit Brotzeithütte die unheimliche Starzlachklamm. Zersplitterte Baumstämme versperren den donnernden Wildwassern als Hochwasserzeugen den abenteuerlichen Weg über Stufen und durch Gumpen, Strudeltöpfe und teilweise aalglatte Engstellen. Eine Besonderheit stellen die in den meist rötlichen Erzkalken eingeschlossenen Nummuliten dar, versteinerte Überreste von Einzeller-Urtieren aus der Vorzeit, im Volksmund Pfennigsteine genannt. Außerdem hat man hier die im Sonthofner Heimathaus ausgestellte, versteinerte Krabbe gefunden.

Unsere schönsten Touren

Legende

- Kilometerangabe
- Höhenmeter (Auf- und Abstieg)
- Gehzeit
- Für Kinder geeignet
- Einkehrmöglichkeit
- Bergbahn/Gondel
- Sessellift
- Wichtige Information
- KOMPASS Highlight

Kartenlegende auf den Umschlagklappen

Einen der fesselndsten Allgäuer Wildbachtobel erlebt man in den nördlichen Voralpen hautnah auf der Tour 1 von Immenstadt zum Kemptener Naturfreundehaus auf der Wasserscheide Rhein-Donau. Ins wilde Reich der Nagelfluh entführen die ein bisschen kitzligen Überschreitungen der beiden Nachbarn Heidenkopf und Gratkopf (Tour 4) sowie des Stuiben (Tour 6) über dem Gunzesrieder Aubachtal und des Siplingerkopfs (Tour 12) aus dem Balderschwanger Tal.

„Wächter des Illertals" nennt sich der Allgäuer Parade-Aussichtsberg Grünten, am leichtesten zu erreichen auf Tour 15 durch den Großen Wald. Am Südrand der Voralpen lockt im Raum Bad Hindelang das Gipfelpaar Spieser und Großer Hirschberg (Tour 19).

Für Langstrecken-Wanderer: Eine Route der Sonderklasse gewährt der Fernwanderweg E 4 von Steibis über nicht weniger als acht Gipfel, quer durch die gesamten Voralpen bis ins Ostallgäu (Tour 20).

Schwierigkeitsbewertung

Blau

Es handelt sich um leichte Touren für Wanderer, die auch bei zweifelhaftem Wetter relativ gefahrlos begangen werden können. Die Forst- und Alpwege sowie einfachen Pfade und Steige ohne ausgesetzte Passagen sind meistens gut beschildert und markiert. Maximal mittelsteile Anstiege können steilere Aufschwünge beinhalten. Da manche dieser Ausflüge bereits in große Höhen führen, ist eine entsprechende Ausrüstung zu empfehlen. Nicht allzu lange – und vorausgesetzt abwechslungsreiche – Touren sind auch für Kinder geeignet.

Rot

Mittelschwere Touren für trittsichere und geübte Wanderer. Kurzzeitig unmarkierte und Orientierungssinn erfordernde Alpenvorland-Routen wurden ebenfalls dem Schwierigkeitsgrad rot zugeordnet. Manche Bergwanderungen eignen sich bei entsprechender Vorsicht und Routenlänge auch für berggewohnte Kinder. Längere steile Steige, eventuell mit sehr steilen Aufschwüngen gewürzt, setzen eine gewisse Kondition und die entsprechende Ausrüstung voraus. Außerdem können ausgesetzte, mitunter drahtseilgesicherte Stellen im Schrofengelände (je nach Jahreszeit Firnfelder!) vorkommen. Bei einem Wettereinbruch wird bereits alpine Erfahrung verlangt.

1. Kemptener Naturfreundehaus, 1415 m

Durch den Steigbachtobel zur Wasserscheide

Ausgangspunkt: Immenstadt, Bahnhof (Parkplatz), 728 m
Charakter: Meist mäßig steiler, zur Mittelbergalp deutlicher Aufstieg. Bestens beschilderte Pfade und Alpwege. Bei Nässe im Steigbachtobel parallelen Forstweg benutzen | **Einkehr:** Alpe Mittelberg, Kemptener Naturfreundehaus | **Karte:** Kompass Nr. 3

Leicht | 13,5 km | 687 hm / 687 hm | 4 Std.

Auf dem Weg durch den Steigbachtobel zum Naturfreundehaus kommen wir an der freundlichen Alpe Mittelberg vorbei, einer Sennalp mit dem feinsten Bergkäse. Die Hütte steht genau auf der Wasserscheide. Während der Steigbach über die Iller das Flusssystem der Donau unterstützt, nährt die Weißach die Bregenzer Ach und somit über den Bodensee den Rhein.

Wir gehen vom Bahnhof in **Immenstadt** Richtung Stadtmitte. Die Fußgänger-Bahnüberführung bringt uns in die Adolph-Probst-Straße. Geradeaus weiter am Friedhof vorbei spazierend, weist das Schild „Alpe Gund" in den mit lichtem Mischwald gekleideten Steigbachtobel. Bei der Sepp-Gammel-Brücke verlassen wir den Forstweg auf dem Steigbachtobelweg. Der streckenweise mit Eisenstegen angelegte Pfad entführt in einen der fesselndsten Allgäuer Wildbachtobel. Die mitunter felsigen Bergflanken lassen kaum Platz für den in früheren Zeiten zu Recht gefürchteten Tosbach, seine kraftstrotzenden Wasserfälle und tiefgründigen Gumpen.

Die **Hölzerne Kapelle** taucht auf. Auf dem nun bequemen Alpweg halten wir uns Richtung Naturfreundehaus und an einer Gabelung zum privaten **Berghotel Almagmach**, wobei zweimal das Bachufer gewechselt wird. Durch Fichtenwald empor zur urgemütlichen **Alpe Mittelberg** auf der Passhöhe haben wir ein paar einheizende Kehren zu überwinden. Zufrieden schaut man von der Einkehr hinüber zu den westlichen Nagelfluhbergen über dem Weißachtal. Ein Pfad führt nach einer schmackhaften Käsbrotzeit durch eine leicht moorige Senke zum Bergwachtstützpunkt Seifenmoosalp.

Wieder auf einem Alpweg erreicht man in gemächlicher Steigung am Roten Kopf das **Kemptener Naturfreundehaus**, einen beliebten Stützpunkt für Bergwanderer. Als Abstieg wählen wir den Steig durch

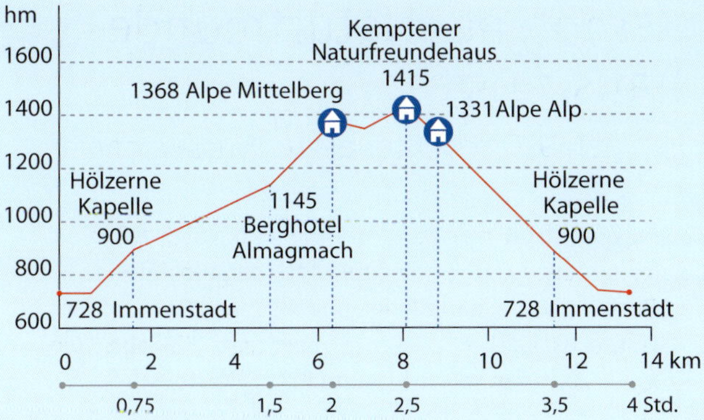

einen Waldfleck zu der auf einem Weidesattel stehenden **Alpe Alp**. Die nach Immenstadt beschilderten Ziehwegkehren entschwinden bald im Wald. Die Route mündet später in den Alpweg vom Naturfreundehaus. Wir erreichen wieder die **Hölzerne Kapelle** und nehmen ab hier wieder die bekannte Route nach **Immenstadt** auf.

An der Alpe Mittelberg unter dem Stuiben liegt der Steigbachtalaufstieg hinter uns.

KOMPASS

0 500 m

UNTEREINHARZ
STEIN im Allgäu
St.Mauritius
Kalvarienbergloipe
Steinmühle
Ruine Hugofels
Alpe Rothenfels
Dachseck
Ruine Laubenberg-Stein
Oberau
Rothenfels
Ruine Rothenfels
Unterzollbrücke
Hub
Kl. Alpsee
LSG
in Planung
Ölbergkapelle
Kreiskrankenhaus
Rauhenzeller Seen
Egg
Ruine Rauhla
Schanzhäusl
Kunertwerke
Hornweg
Badeweg
gebiet
Hofmühle
Stadtschloss
St.Nikolaus
Hermannsh.
IRW
Freizeitzentrum
Fitness-Parcours
RAUHENZELL
START
IMMENSTADT im Allgäu
Auwald-Sportzentrum
St.Otmar
Schloss Rauhenzell
Roßbach
Fabrik
Kanzel
Horn
Am Hörnl
Steigbach
Iller
Wasserskilift Allgäu
Leprosenkap.
Neumummen
Riederalp
Deutsche Alpenstr.
Hochried
Mittelstation
Hölzerne Kapelle
Untere Wildergrundalpe
St. Florian
Altmummen
Hofen
Tanne
Teufelsloch
Schwanden
Dreikönigskapelle
Schattenberg
Nur für Geübte! Steilstrecke!
Lourdeskap.
Mittagalpe
Schwandalpe
Ettensberg
Ruine Ettensberg
Jhtt.
Alphütte
St.Wendelin (Das Bild)
Ornach Jagdhütte
Steigbachtobel
Mittagberg
Oberalpe
Blaichach
Kuhberg
Schleifalpe
Alpe Oberberg
Gedenkstätte Bärenkopf
Rabennest
Seifriedsberg
Nur für Geübte! Steile Schotterstrecke!
Käser
Reute
Halden
Vordere Krumbachalpe
Steineberg
Grathöflealpe
Wildfütterung
Dürrehornalpe
Gunzesried
Sennerei
Unterkirchealpe
Winkelwiesenalpe
Wildschutzgebiet
Gunzesrieder Ach
Winkel
Im Loch
Hüttenberger Eck
Hoch-A
Rauhenberg
Rauhenbergalpe
Kuckucksnest
Vorderer
Winterbetrieb
Klausebuckelhütte
Hüttenberg
Bergbauernsennerei
Bergwirt
Berghaus Blässe
Otto-Hellmann-Hütte

2. Bärenkopf, 1476 m

Wandern bergab

Ausgangspunkt: Immenstadt, Bahnhof (Parkplatz), 728 m **Charakter:** Kaum nennenswerte Anstiege, längerer Steilabstieg. Meist gut bezeichnete Pfade und Steige, kurz auf Alpweg, Sträßchen, Pfadspur und weglosem Abschnitt | **Einkehr:** Bergstation-Gaststätte, Sennalpe Oberberg | **Karte:** KOMPASS Nr. 3

Mittel | 10 km | 81 hm 777 hm | 3,5 Std.

Bevor die leichtfüßige Bergwanderung beginnt, spazieren wir kurz vom Bahnhof in **Immenstadt** Richtung Stadtmitte, über die Fußgänger-Bahnüberführung in die Adolph-Probst-Straße, geradeaus zur Gottesackerkapelle, passieren die Schranke der Anliegerstraße, queren mittels der holzgedeckten Sepp-Gammel-Brücke den Steigbach und gelangen so auf dem Wanderweg zur **Mittagbahn-Talstation**. Die Gondel bringt uns in zwei Sektionen zur Bergstation-Gaststätte.

Im Nu geht's auf dem mit „Bärenköpfle" beschilderten Pfad zum **Mittagberg** (auch Mittag) hinauf. Die Ausschau nach Norden wird leider durch Fichten behindert. Dafür grüßen über dem Illertal die Allgäuer Hochalpen. Auf dem locker bewaldeten Kamm bummeln wir zu einem Nagelfluhfelsen mit dem Gedenkkreuz des Gebirgstrachten- und des Heimatvereins Blaichach. Im Westen reckt sich die Felsnase des Steinebergs empor. Von der kleinen Schulter am Bärenkopf weitet sich der Blickwinkel ins Bregenzerwaldgebirge. Die letzten Meter zum **Bärenkopf** mit leider wieder eingeschränkter Aussicht gewinnt man weglos über einen kleinen Weidehang.

Zurück am Gedenkkreuz nehmen wir den Pfad durch eine Mulde und einen Waldstreifen hinunter zur **Alpe Oberberg**, wo die Möglichkeit einer Sennerei-Besichtigung mit Käseprobe besteht. Nun folgen wir dem flachen Alpweg auf den Grünten zu und zweigen gleich in der ersten Kurve auf den Steig Richtung Ettensberg ab. Über Lichtungen steigen wir zunehmend steiler an einer kleinen Hütte vorbei.

Beim Unterstand mit dem leicht übertriebenen Namen Hotel Poldi benützt unser Kurs talwärts kurz ein stilles Sträßchen. Nach der Bild-Kapelle (auch Sühnekapelle) passiert der Pfad Richtung Altmummen am Ortsbeginn von **Ettens-**

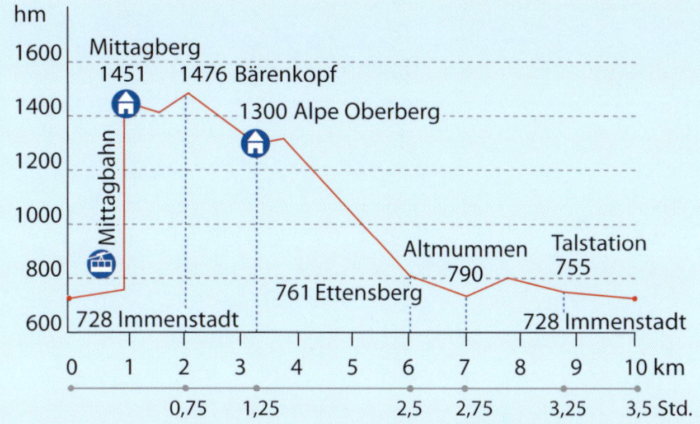

berg Schmidelers Kapelle.

Wir schlendern über Pferdeweiden und auf flacher Wiesenspur nach **Altmummen**. Zu den nahen Häusern von Neumummen führt uns wieder ein Pfad.

Mit einem kleinen Treppen-Gegenanstieg geht es zum Ortsteil Riederalp, bevor uns ein Anliegersträßchen zur Mittagbahn und zurück zum Ausgangsort nach **Immenstadt** bringt.

Gedenkkreuz am Fuß des Bärenkopfs.

Großer Alpsee
(724)
Schönsreuthealpe
In der Au
Promenade Kiosk
Hauserbad
Wasserwacht
Eislauf im Winter
Alpsee-rundweg
Bühl
See
a. Alpsee
738
Maria Loreto
Säge
Kiosk
Rieder
Gschwend
Alpseerundweg
Hub
Kl. Alpsee
LSG
308
NSG
UNTEREINHARZ
835
Kalvarienbergloipe
Ruine Hugofels
Rothenfels
853
Ruine Rothenfels
Unterzollb
in Planung
Ölbergkap
Schanzhäusl
Kunert-werke
Hornweg
Badew
Hochbergalpe
Wasserfall
Alte Brände
Pionierhütte
Hüttenbichel
1023
Gschwender Bergalpe
1075
Rabennestalpe
IMMENSTADT
im Allgäu
START
Stadtschloss
St. Nikola
Fabrik
728
Kanzel
1166
Hornklause
Bieneinhütte
Immenstädter Horn
Bergwachthütte
1489
Ingolstädter Hütte
Am Hörnl
Steigbach
Kesselalpe
1450
Wildengundalpe (verf.)
Gschwender Horn
(Renaturiertes Skigebiet)
Wildschutz-gebiet
Untere Wildergrundalpe
1095
Hölzerne Kapelle
Hochried
Mittelstati
Kemptener Naturfreundehaus
1415
Auf der Alpe
1331
Alpe Alp
Wintergatter
Schattenberg
Teufelsl
Jagdh.
1210
Mittagalpe
1481
Am roten Kopf
Steigbachtobel
969
Ornach
Jagdhütte
Bergwachtstützpunkt
1355
Seifenmoosalpe
Dreherberg
1430
Roßhütte
Alpe Mittelberg
1368
1370
Almagmach
Mittagberg
1451
Steigbach
Gedenkstätte
Bärenkopf
1476
Nur für Geübte!
Steile Schott
Fahrrad schieben!
1275
Naturpark Nagelfluh-kette
1660
1364
Hintere Krumbachalpe
Steineberg
1683
Grathöflealpe
Vordere Krumbachalpe
1502
Gundalpe
Krätzenstein
E5
E4
04
1570
Kirche
1669
Dürrehornalpe
Gunzes
889
1491
Unterkirchealpe
Winkelwiesenalpe
1080
Stuiben
Im Gund
1749
1739
Rauhenbergalpe
Sommerhaus-A.
Wildschutz-gebiet
1124
Rauhenberg
Rauhenbergalpe
Im Winkel
Im-Loch
Buchenberg
Wiesach
Rottachalpe (verf.)
Falkenalpe
1160
Vorderschöne-buch
Ornachalpe
Berghaus Blässe
Otto-Hellmann-Hütte
Variante
Winterbetrieb

0 500 m

im Allgäu
St.Ursula
Untermaiselstein
Rettenberg
806
Pavillon
St.Mauritius
Gletscher-schliff
Greggenhofen
748
Ruine Laubenberg-Stein
Oberau
Weiher
743
Familienbad
308
Egg
Ruine Rauhlaubenberg
Rauhen-zeller Seen
Felmermoos
Altach
Kreis-krankenhaus
IRW
Freizeitzentrum
Fitness-Parcours
RAUHENZELL
Großmoos
Goimoosmühle
Wagneritz
763
Auwald-Sportzentrum
St.Utmar
Schloss Rauhenzell
Roßbach
Gallimoos
19
Iller
Wasserskilift Allgäu
Segel-flugplatz
St.Agatha
729
Agathazell
Agathazeller Bach
vermutl. Verlauf des Knüppeldammes (Bronzezeit)
Leprosen-kap.
Deutsche Alpenstr.
Riedertp
St. Florian
Altmummen
790
Hofen
Tanne
Häuser
724
Agathazeller
Schwanden
791
Dreikönigskapelle
Lourdeskap.
Pauli Bekehrung
Grünten-klause
Moos
Burgberger Tierparadies
Weinberg
Geologisch Botanisch Lehrpfad
Ettensberg
761
Ruine Ettensberg
Vulcano
Schützenhof
St.Wendelin (Das Bild)
Alphütte
Fabrik
Natur-erlebnisbad
St.Ulrich
Blaichach
733
Ortwang
Derbalpe
Schleifalpe
Kühberg
Ort-wanger See
Maria Trost
Ruine Burgberg
Reithal
752
Rabennest
Seifrieds-berg
Reute
Halden
ICO-adventures
Bihlerdorf
Tannach
SONTHO
Wild-fütterung
Rieden
Umspannwerk
Sennerei
Oberzoll-brücke
Squash-center
926
Hoch-A
Hüttenberger Eck
1007
Illersee (Sonthofer See)
Kuckucksnest
Bhf. Sonthofen
Kriegsgräber-stätte
Eissporth
Hüttenberg
Iller-siedlung
1068
Klausebuckel-hütte
804
Bergbauernsennerei
Bergwirt
Öko-Kur-park
Alte Schule Heimathaus
Tennis u.

3. Über Halden zum Sonthofer See

Vergnügungsbummelei im oberen Illtertal

Ausgangspunkt: Blaichach, Bahnhof (Parkplatz), 733 m | **Charakter:** Leichte Aufstiege. Ausreichend beschilderte Pfade, Wander- und Wirtschaftswege, kurze Abschnitte auf Straßen und Pfadspuren
Einkehr: In Kühberg und Bihlerdorf | **Karte:** Kompass Nr. 3

Leicht | 10,5 km | 127 hm 127 hm | 2,75 Std.

Diese kleine Vorgebirgstour beweist wieder einmal anschaulich, dass es gar nicht immer erforderlich ist, dem Berg Stunde um Stunde Höhenmeter abzuringen, um glücklich und zufrieden sein zu können. Eine geschickte Routenwahl auf amüsanten Schleichwegen verbindet im vorliegenden Fall dorfnahe Aussichtspunkte mit einer romantischen Badeseeumrundung und einem erfrischenden Flussspaziergang.

Wir nehmen in **Blaichach** beim Bahnhof den Gehsteig Richtung Sonthofen und wählen nach der Schwarzenbachbrücke den nach Kühberg ansteigenden Feldweg, von dem bald ein Pfad abzweigt. Bei einem Stadel leitet eine Wiesenspur zu einer bereits sichtbaren Ruhebank. Über dem Dorffleck baut sich der Grünten auf und hinter Sonthofen beeindruckt der lange Felskamm der Daumengruppe. Am Ortsanfang von **Kühberg** dirigiert uns der Wegweiser „Haldertobel" auf ein schmales Kurvensträßchen. An der kommenden Routenteilung folgen wir einem Feldweg, im weiteren Verlauf einem Wanderweg über den bewaldeten Höhenrücken zu der Häuseransammlung **Halden**. Dort setzt auch schon wieder der Talkurs an.

Man hält sich ein ganz kurzes Stück an die Straße von Gunzesried und bummelt auf dem Pfad Richtung Bihlerdorf über aussichtsreiche Wiesenhänge. Bei Seifriedsberg quert man ein Sträßchen und gelangt auf einem Waldwanderweg an einem Bächlein entlang nach **Bihlerdorf**.

Dort geht's auf der Hofackerstraße und rechts auf der Oberzollbrückestraße zum Beginn des Blaichacher Ortsteils Oberzollbrücke. Nach der Ettensbach-Fußgängerbrücke spazieren wir auf teilweise geteertem Wirtschaftsweg um den **Sonthofer See**, der Aussicht wegen vorzugsweise gegen den Uhrzeigersinn. Das beliebte, stadt-

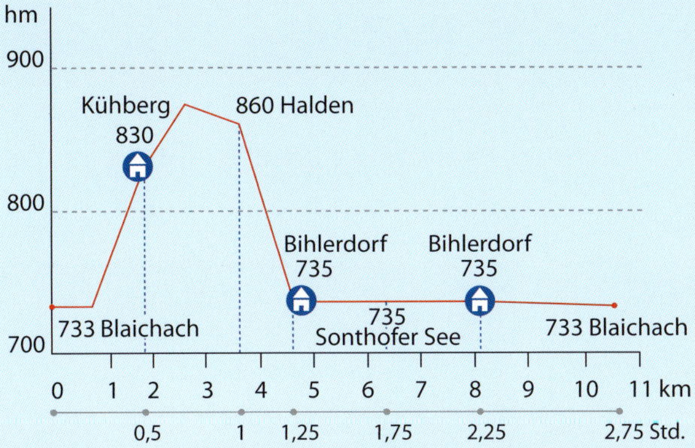

nahe Badegewässer nennt sich auch Illersee. Zurück an der Ettensbachbrücke gehen wir auf einem Sträßchen zur Illerbrücke. Ein beschaulicher Wanderweg führt am Flussufer über **Bihlerdorf** und unter der Eisenbahnbrücke hindurch zurück nach **Blaichach**.

Unmittelbar am westlichen Stadtrand von Sonthofen begeistert der romantische Sonthofer See.

KOMPASS

0 500 m

Felmermoos
Goimoosmühle
Wagneritz
763
Privatbahn Bayr. Rundfunk
972
Großmoos
Gallmoos
Grün
Schloss Rauhenzell
Roßbach
vermutl. Verlauf des Knüppeldammes (Bronzezeit)
Segelflugplatz
Agathazeller Bach
Jägerdenkmal
IRW
Allgäu
St. Agatha
729
Agathazell
Siechenkopf
1572
Deutsche Alpenstr.
Häuser
724
Agathazeller Moos
Geologisch-Botanischer Lehrpfad
1496
Hofen
Tanne
Grüntenklause
Pauli Bekehrung
Burgberger Tierparadies
Weinberg
Burgberger Hörnle
START
Ruine Ettensberg
Vulcano
Schaubergwerk
Brunnenanger
Schützenhof
Wurstbach
Ettensberg
Sankholz
Fabrik
Steinebichlkapelle
Blaichach
733
Naturerlebnisbad
St. Ulrich
Weiheralpe
Ortwang
Burgberg im Allgäu
752
997
Kühberg
Ortwanger See
Maria Trost
Ruine Burgberg
Nothaldeweg
Brotzeithütte
Reithalle
Winkel
ICO-adventures
Bihlerdorf
Tannach
Rieder
Umspannwerk
743
SONTHOFEN
Schießstand
774
Oberzollbrücke
Squash-center
(MO-Lok): Modelleisenbahnschau
St. Leonhard
Berghofen
775
926
Hoch-A.
Burgstall
R. Fluhenstein
Walten
Illersee (Sonthofer See)
Bhf. Sonthofen
Staig
Hüttenberg
804
Iller-siedlung
Kriegsgräberstätte
Eissporthalle
Burgsiedlung
Bergbauernsennerei
Bergwirt
Alte Schule
Heimathaus
Öko-Kurpark
St. Nepomuk
Tennis u. Squash
308
Westerhofen
740
Gebirgsjägermuseum
Burg Sonthofen (ehem. Ordensburg)
Binswangen
Sigishofen
Freizeitbad Wonnemar
Illerstadion
Schießstand
Margarethen
Ettensbach
Nachtloipe
Kapelle
820
Wittelsbacher Höhe
741
Margarethakapelle
881
Seewendel
Hofen
Wasserwirtschaftl. Lehrwanderweg
St. Katharina
821
923
Allgäuer Sennerei
889
Steinbichel
Schweineberg
Iller
19
Marienkapelle

4. Heidenkopf, 1685 m, und Gratkopf, 1670 m

Schlüsselstellen des Oberallgäuer Rundwanderwegs

Ausgangspunkt: Gunzesried/Scheidwangalpe (Gemeinde Blaichach), Parkplatz, 1317 m; zu erreichen auf dem Mautsträßchen von Gunzesried/Säge | **Charakter:** Mehrere kleine Steilaufstiege. Ausgesetzte Passagen zum Heidenkopf mit kurzer und leichter, gesicherter Kletterei (I) in teilweise schmierigem Fels und am Gratkopfabstieg erfordern Trittsicherheit. Überwiegend bezeichnete Steige. Vorsicht bei Nässe! | **Einkehr:** Unterwegs keine **Karte:** KOMPASS Nr. 3

Mittel | 5,75 km | 518 hm / 518 hm | 3 Std.

Unsere einprägsame Tour ins wilde Reich der Nagelfluh startet an der **Scheidwangalpe**, an der Wasserscheide Rhein – Donau. Der Oberallgäuer Rundwanderweg schwingt sich südlich bergan durch aufgelockerten Bergwald. In einem Rechtsbogen leitet der Steig zu einem verfallenen Viehunterstand. Rückblickend zeigt sich die Rindalpenkette. Nach einer Alpwanne zieht die Route erneut an zum Joch zwischen Heidenkopf und Girenkopf.

Nun setzt der kurze anspruchsvolle und etwas ausgesetzte Gipfelaufstieg an. Ein felsiger Steilaufschwung mit ein paar erdigen, nicht ganz zuverlässigen Tritten ist durch Drahtseile entschärft. Er verlangt aber dennoch für wenige kitzlige Augenblicke eine saubere Kletterei (I). Danach lockt zur Rechten ein luftiger Aussichtspunkt.

Auf fortwährend spannendem Routenverlauf ist bald der **Heidenkopf** erreicht. Die überwältigende weite Blickspanne wird im Osten von den Tannheimer, im Westen von den Schweizer Bergen begrenzt.

Ein unterhaltsamer Höhenkurs folgt nach einem kleinen südöstlichen Grasabstieg dem flachen, geräumigen Kamm. Baumgruppen behindern ab und an die Sicht. Noch wenige Stufen und schon steht man auf dem **Gratkopf**. Dieses eigenwillige Massiv, das sich aus Grasköpfen, kecken Türmen und Nadeln zusammensetzt, verdient eine gebührende Schaupause.

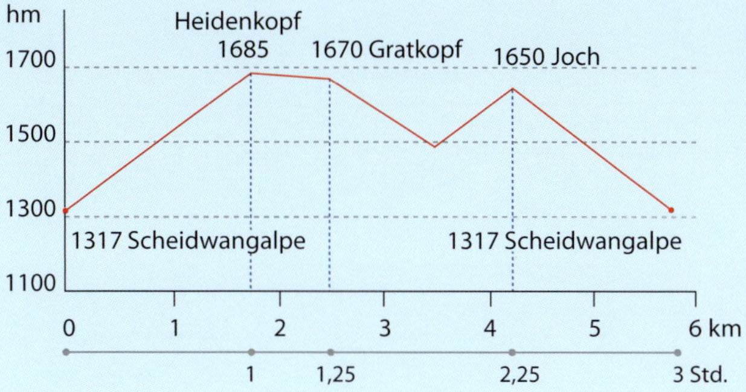

Anschließend erfordert der reizvolle Abstieg über einen sich verschmälernden Grat mit nochmals ausgesetzten felsigen Stellen unsere volle Aufmerksamkeit. In der Weidemulde vor dem Siplingerkopf achten wir auf die Markierung und überwinden einen ansteigenden Felsverhau. Danach verlassen wir den Oberallgäuer Rundwanderweg auf der gemütlichen, zur Oberen Balderschwangger Alp führenden Talroute. Der auf einem Baumstumpf angebrachte Wegweiser Richtung Heidenkopf zeigt uns den steilen Aufstieg über bucklige Hänge und an auffallenden Nagelfluhtürmen vorbei, zurück zum bereits vorhin betretenen Joch. Dort nimmt man den bekannten Kurs hinunter zur **Scheidwangalpe** auf.

Auf dem pfiffigen Gratkopfabstieg.

KOMPASS

0 500 m

Schaffneralpe
Himmeleck
1487
Obere Eckalpe (verf.)
Gündelalpe (verf.)
Wildschutz-gebiet
Dreherberg
1430
Roßhütte
MTB nur für Geübte!
Alpe Mittelberg
1368
Prodel
Melkhütte (verf.)
Laubgund-wald
Jagdhaus
Klause
Schupperköpfl
1293
Alpe Untereck
Laubgundalpe
Seewender
Klause
Jagdhaus Ehrenschwang
1113
MTB nur für Geübte!
1192
Hohe Brücke
Buralper Tobel
Weißach
1502
Gundalpe
Krätzenstein
Buralpe
Rindalpe-Tobel
Mittlere Sedererwände
Stuiben
Im Gund
1749
Gerichtsholz
Sedereralpe
Sedererstuiben
1739
Rauhenzell
Rindalpe
1244
1469
1737
Buralpkopf
E4
E5
04
M
Rottachalpe (verf.)
Obere Rindalpe (abgetragen)
1172
Obere Sedererwände
Gatteralpe
1489
Ornach
Gündleskopf
1748
Klettenberg
Jugendheim
Vorsäß 2
1821
1711
Gündlesalpe
1503
Rindalphorn
M
Gündlesscharte
Vordere-
Hintere-
-Wieslesealpe
Gunzesrieder
Straße im Winter gesperrt
Vordere Aualpe
1052
Rote Wand
1380
E4
E5
04
(Variante)
Hintere Aualpe
Aubach
Schwarzenberg
1139
Gelchenwangalpe
Schneeloch
Rappengschwendalpe
1240
1400
Pass Scheidwang
1139
Stubachtal
START
Scheidwangalpe
1317
Hirschgundalpe (verf.)
Birkachalpe
Untere-
Siplingeralpe
1628
Ostertalbe
Scheidwanger Melke
Obere- (verf.)
Tennenmooskopf
1383
Heidenkopf
1685
Untere Wilhelminealpe
Stubenbach
1347
Siplingerkopf
Scheidwangsattel
Gratkopf
1746
Höllritzer Wald
Im Kessel
Obere Wilhelminealpe
MTB nur für Geübte! Steilstrecke!
1489
Höllritzer Alpe
1479
Spicherhaldealpe 1481
(Variante)
Hintere Aschalpe (verf.)
Hubertushaus
Obere Balderschwanger Alpe

5. Gündleskopf, 1748 m, und Buralpkopf, 1772 m

Durchs Aubachtal in die Rindalpen

Ausgangspunkt: Gunzesried/Säge (Gemeinde Blaichach), Bushaltestelle, 930 m; Parkplatz am Ortseingang | **Charakter:** Ab Hinterer Aualpe langer mittelsteiler Aufstieg und steile Abstiegsetappe vom Buralpkopf. Meist beschilderte Pfade und Ziehwege, kurzer Steig, zu Beginn längeres Alpsträßchen. Vorsicht bei Nässe! **Einkehr:** Unterwegs keine | **Karte:** KOMPASS Nr. 3

Mittel | 16 km | 842 hm / 842 hm | 6,25 Std.

Die Zweigipfel-Überschreitung beginnt an der Bushaltestelle im Ortsteil **Säge**. Auf dem anfangs steigenden Alpsträßchen wandern wir ins Aubachtal hinein und vorbei an der Alphütte Vorsäß I. Rechter Hand begleiten uns die reich gescharteten Rindalpen. Nach Queren des Aubachs ziehen über der Hütte Vorsäß II steile Mischwälder zum Stuiben hinauf. Hinter **Vorsäß III** steigt unser Kurs durch einen Waldflecken wieder ein wenig an zur Vorderen Aualpe. Dort besticht der Siplingerkopf mit der Erosions-Kulisse der Spießwände. Nun richten wir uns nach dem Wegweiser „Gründelesscharte“. Die **Hintere Aualpe** ist die letzte Station im Tal. Unter dem Felsriegel der Roten Wand schwingt sich ein Ziehweg, später in Kehren, durch Waldflecken empor. An seinem Ende steht die **Vordere Rindalp.** Auf einem Pfad ist es dann nicht mehr weit zur Gündles-

KOMPASS INFO

Bei „kuhranzendunkler“ Nacht über Steilabbrüche
Am Buralpkopf mussten einst Immenstädter Bergwachtmänner nachts einen verunglückten Skitouristen abtransportieren. Da der Rückweg mit dem Akia über den schmalen Grat viel zu gefährlich gewesen wäre, entschieden sich die Retter für den vermeintlich leichteren Abstieg ins Aubachtal. Doch keinem der Männer war die Gunzesrieder Seite bekannt. So verstrickten sie sich in heimtückisches, teils felsiges Steilgelände mit lahnigen Rinnen. Nur mit viel Bedachtsamkeit und einer ungeheuren Portion Glück konnte die äußerst kraftraubende Aktion ein glückliches Ende nehmen.

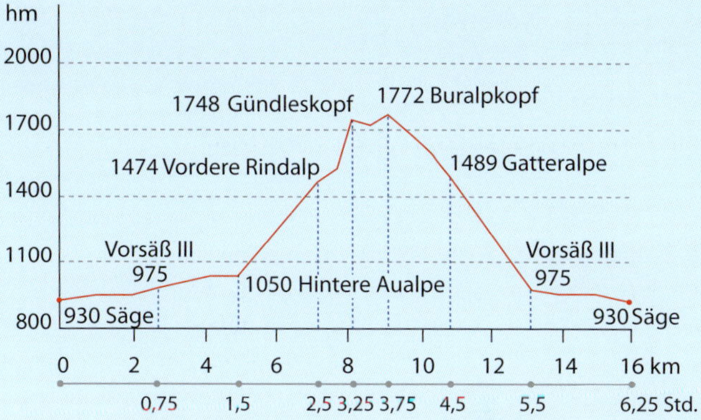

scharte. Nach einem deutlichen Kammaufschwung erreicht man den **Gündleskopf**, den nur eine kleine Einsattelung vom **Buralpkopf** trennt. Diese beiden Berge sind Bestandteil der Fernwanderwege E 4 und E 5 und machen dem Sammelnamen Rindalpen alle Ehre. Möglicherweise gefällt ja den „Hornträgern" der Anblick der Oberstdorfer Berge ebenso gut wie uns. Nun setzt eine anregende, überwiegend flache Etappe an, über den Oberen Sedererwänden mit einem schmalen und steilen, felsdurchsetzten Gratsteig, zu einem Sattel. Ein Pfad leitet hinunter zur **Gatteralpe**. Wir überschreiten einen Graben und wandern nach einem Waldstreifen wieder über Weidehänge in ein paar weiten Schleifen zum Waldweg unterhalb der Vorderen Wieselealp. Am **Vorsäß III** stoßen wir auf die bekannte Route zum Ausgangsort **Säge**.

Im Aubachtal beim Gunzesrieder Ortsteil Säge.

KOMPASS

0 500 m

Seifenmoosalpe
Almagmach
Mittagberg
Alpe Oberberg
Schleifalpe
Rabennest
Gedenkstätte
Bärenkopf
1476
Nur für Geübte!
Käser
Steile Schotterstrecke!
Naturpark Nagelfluhkette
Steineberg
1660
1683
Hintere Krumbachalpe
Vordere Krumbachalpe
Grathöflealpe
Wildfütterung
Dürrehornalpe
Gunzesried
889
Sennerei
Kirche
1570
Unterkirchealpe
Winkelwiesenalpe
1080
Wildschutzgebiet
Sommerhaus-A.
Rauhenberg
1124
Rauhenbergalpe
Im Winkel
Im Loch
Gunzesrieder Ach
Winterbetrieb
Vorderer Hüttenberg
1068
Wiesach
Buchenberg
Falkenalpe
1160
Vorderschönebuch
Gunzesrieder Säge
Schönebuch
START
Rehmahdmoos
Altes Höfle
Variante
Berghaus Blässe
Otto-Hellmann-Hütte
Hüttenberg
Birkenbichlhütte
Allgäuer Berghof
Eggalpe
Wiesholztobel
Loipe
Geißbrückenalpe
1102
Gerstenbrändle
Alpenvereinshütte
Ski-Bergheim
Vorsäß
Obereggalpe
Panoramaweg
Sonneckhütten
Berghaus Edenhofer
Knie-Alpe
1003
Buhlsalpe
Waldlehrpfad
Tobelweg
Hochbichlhütte
Bergrestaurant Weltcuphütte
Wurzelhütte
Weltcup-Express
Vierersesselbahn Sommer u. Winter
Meinrads Brotzeithütte
1124
Schwarzenbergalpe (Skihütte)
Otto-Schwegler-Hütte (Ostertalhütte) (DAV)
Kempter Wald
Ostertalweg
Stubenbachalpe
Mittelbergalpe
Tobelhütte
1248
Schwandalpe
996
Anger-Hütte
Ofterschwanger Horn
1406
Hornalpe
Buchenschwandalpe
Rundwanderweg Ofterschwanger Horn
Leimgruberalpe
Angerbach
Forsthaus Ostertal
Geißkopfbach
Reichenbachalpe (verf.)
Fahnengehrenalpe
Höhenloipe
Hornbach
Ostertalbach
Holzschlagalpe
Sigiswanger Horn
1527
Schwinggund-A.
848
Jhtt.
Kahlrückenalpe
Mühlbach
Ostertal-A.
Wildschutzgebiet
Alpentobel
1616
Moselalpe
Seichebach
Rangiswanger Horn
Hageberg
Unteralpe
Grafenalpehütte
1113
Diensthütte
Steinhöbelalpe
1312
Mitteralpe
Mitteralpenkopf
1443
1513
Rangiswanger Alpe
Kierwang
Obere-Kierwanger Alpe
Prittingerbach
Rotbach
Kleiner Ochsenkopf
E4
E5
04
M
P
H

6. Stuiben, 1749 m

Peppige Steilhänge und Grate

Ausgangspunkt: Gunzesried/Säge (Gemeinde Blaichach), Bushaltestelle, 930 m; Parkplatz am Ortseingang | **Charakter:** Ab der Ornachalpe anstrengender Aufstieg; der ausgesetzte, drahtseilgesicherte Gipfelabstieg erfordert Trittsicherheit. Meist gut bezeichnete Pfade und Steige, anfangs Alpsträßchen, kurze Pfadspur. Vorsicht bei Nässe | **Einkehr:** Unterwegs keine | **Karte:** KOMPASS Nr. 3

Mittel | 9,5 km | 819 hm / 819 hm | 4,5 Std.

Der Auftakt zu der mit allerhand neckischen Einlagen gewürzten Gipfelüberschreitung verläuft verdächtig harmlos.

Von der Bushaltestelle im Ortsteil **Säge** spazieren wir auf dem anfangs steigenden Alpsträßchen ins Aubachtal hinein, zur Rechten Sedererstuiben und Stuiben. Wir passieren die Sennalp Gerstenbrändle und lassen uns nach unwesentlichem Höhenverlust an der Alphütte Vorsäß I vom Schild „Alpe Ornach" den weiteren Kurs zeigen. Es folgt eine kurze Weidespur, dann trägt uns eine Brücke über den Aubach. Ein kräfteschonender Pfad zieht sich an der Schönebuchhütte vorbei durch den Bergwald. In engem Zickzack steigen wir empor zur **Ornachalpe**.

Knorrige Ahorne und später teilweise orange gefärbte Nagelfluhriegel säumen den schweißtreibenden Steig über die licht bewaldete Südflanke Richtung Stuiben. In der Alpwanne unter dem Sederer können wir endlich für eine kleine Weile aufatmen. An der verfallenen Rothenalp ist eine Felsmarkierung zu beachten. Das einheizende Engagement über nun steilste Weidehänge wird jedoch durch das herrliche Panorama der Hochalpenkette von der Daumengruppe bis zum Ifen belohnt.

Zuletzt strebt man auf einem gut angelegten Höhenweg unmittelbar neben dem Kamm dem **Stuiben** entgegen. Erhebend ist der schöne Tiefblick über die nordseitigen Abbrüche zu dem reizvollen Feuchtgebiet bei der Gundalp.

Nach einem anspruchsvollen Steilabstieg über einen recht ausgesetzten Felsgrat mit langem Drahtseil beachte man nördlich des Grates die Markierung.

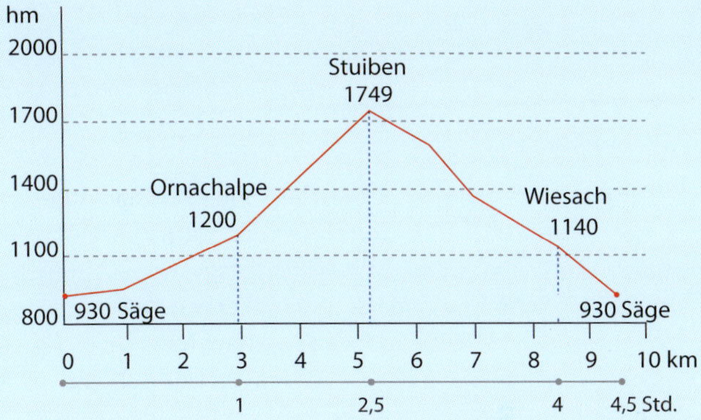

Der obere Steig ist etwas schwieriger. Die nächste schmale, flache Gratrippe in dieser fesselnden Nagelfluh-Kleinlandschaft ist wiederum mit einem Drahtseil entschärft. Schließlich bringt uns eine Holztreppe hinauf zu einem Sattel. Richtung Gunzesrieder Tal geht's nochmals steil hinunter in die winzige Alpwanne am Fuß der Rauhen Schlucht. Auf einem Alpsteig an Felssturzblöcken vorbei steigend, verdichtet sich der Wald zusehends. Von der kleinen Alpsiedlung **Wiesach** bringt uns ein Pfad zurück zum Ortsteil **Säge**.

Nebelschwaden verhüllen den spannenden Ostabstieg vom Stuiben zur Alpsiedlung Wiesach.

Im Rienle
Obere Gündelalpe
Naturfreundehaus
1415
Jagdh.
Schaffneralpe
1491
Obere Eckalpe (verf.)
Gündelalpe (verf.)
Weißbach
Himmeleck
1487
Wildschutz-gebiet
Dreherberg
1430
Roßhütte
MTB nur für Geübte!
Alpe Mittelberg
1368
1370
Prodel
Klause
Jagdhaus
Alpe Untereck
Laubgund-wald
Schupperköpfl
1293
Fahrrad schieben!
Laubgundalpe
Seewender
Jagdhaus Ehrenschwang
1113
1275
Naturpark Nagelfluh-kette
MTB nur für Geübte!
Klause
Hohe Brücke
Buralper Tobel
1502
1502
Gundalpe
Krätzenstein
Buralpe
Rindalpe-Tobel
Stuiben
Im Gund
1749
Mittlere Sedererwände
Gerichtsholz
Sedererالpe
1739
Rauhenbergalpe
Sedererstuiben
1737
1244
1469
Buchenberg
Buralpkopf
E4
E5
04
M
Obere Rindalpe (abgetragen)
1772
Obere Sedererwände
Gatteralpe
1489
Gündleskopf
1748
Klettenberg
Jugendheim
Vorsäß 2
1821
1711
Gündlesalpe
1503
Gündlesscharte
Vordere-
Hintere-
-Wieslesealpe
Gunzesrieder Loipe
Straße im Winter gesperrt
Rote Wand
1380
Vordere Aualpe
1052
Hintere Aualpe
(Variante)
Aubach
Schwarzenberg
Schwarzenberg (Skihütte)
1139
Stubenbach
Schneeloch
1139
Rappengschwendalpe
1240
Stubachtal
Scheidwangalpe
1317
Hirschgundalpe (verf.)
Birkachalpe
Ostertalberg
1383
Untere-
Siplingeralpe
Obere- (verf.)
1628
Tennenmooskopf
Heldenkopf
1685
Untere Wilhelminealpe
Stubenbach
1347
Siplingerkopf
Gratkopf
1670
1746
Scheidwang-sattel
Höllritzer Wald
Im Kessel
Obere Wilhelminealpe
1489
Höllritzer Alpe
1479
MTB nur für Geübte! Steilstrecke!
(Variante)

Alpe Alp
Steilstrecke!
Lourdeskap.
Ettensberg
761
St.Wendelin (Das Bild)
Mittagalpe
1210
Schwandalpe
Jhtt.
Alphütte
969
Ornach Jagdhütte
Steigbachtobel
Mittagberg
1451
Derbalpe
Schleifalpe
Alpe Oberberg
Rabennest
Gedenkstätte
Bärenkopf
1476
Nur für Geübte!
Steile Schotterstrecke!
Käser
Reute
Halden
Wild-fütterung
Vordere Krumbachalpe
1660
Steineberg
1683
Grathöflealpe
Hintere Krumbachalpe
1570
Kirche
Dürrehornalpe
Gunzesried
889
Sennerei
Unterkirchealpe
1491
Winkelwiesenalpe
1080
Wildschutz-gebiet
Sommerhaus-A.
1124
Im Winkel
Im-Loch
Gunzesrieder Ach
Hüttenberger Eck
1007
Kuckucksnest
Rauhenberg
Rauhenbergalpe
Wiesach
Vorderer
1068
Klausebückel-hütte
Winterbetrieb
Variante
Berghaus Blässe
Otto-Hellmann-Hütte
Hüttenberg
Vorderschönebuch
Rehmahdmoos
Gunzesrieder Säge
START
Birkenbichlhütte
Bettenried
Allgäuer Berghof
Eggalpe
Wiesholztobel
Haslach
Altes Höfle
Loipe
Geißbrückenalpe
1102
Gerstenbrändle
Alpenvereinshütte
Naturlehrpfad
Vorsäß
Ski-Bergheim
Obereggalpe
Panoramaweg
Ostertaler Tobelweg
Berghaus Edenhofer
Sonneckhütten
Jhtt.
1003
Buhlsalpe
Waldlehrpfad
Hochbichlhütte
Bergrestaurant Weltcuphütte
Wurzelhütte
Ofterschwanger Haus
Otto-Schwegler-Hütte (Ostertalhütte) (DAV)
Kempter Wald
Weltcup-Express
Vierersesselbahn Sommer u. Winter
Meinrads Brotzeithütte
Mittelbergalpe
1248
Schwandalpe
996
Anger-Hütte
Ofterschwanger Horn
Leimgruberalpe
Hornalpe
1406
Buchenschwandalpe
Rundwanderweg Ofterschwanger Horn
Ofterschw
864
Angerbach
Rießb.
Forsthaus Ostertal
Geißkopfbach
Reichenbachalpe (verf.)
Fahnengehrenalpe
Höhen-loipe
Hornbach
Sigiswang
848
Ostertalbach
Holzschlagalpe
Sigiswanger Horn
1527
Schwinggund-A
18-Loch-Gol
Jhtt.
Kahlrückenalpe
Mühlbach
Sonnen-Salp
Sonnenalprunde
1616
Moselalpe
Seichebach
Rangiswanger Horn
Hageberg
Alpentobel
Wohlfahr
Bauhof

7. Bleicherhorn, 1669 m, und Höllritzereck, 1669 m

Leichte Wanderberge über dem Ostertal

Ausgangspunkt: Ausgangspunkt: Gunzesried/Säge (Gemeinde Blaichach), Bushaltestelle, 930 m; Parkplatz am Ortseingang
Charakter: Kurzer mittelsteiler Aufstieg zum Bleicherhorn. Meist bezeichnete Alp- und Ziehwege, Pfade und Steige | **Einkehr:** Buhlsalpe, Höllritzeralpe | **Karte:** Kompass Nr. 3

Leicht | 16 km | 739 hm 739 hm | 5,5 Std.

Der grüne Zwillingsgipfel zwischen dem hintersten Ostertal und dem Balderschwanger Tal ist ein typischer Vertreter der sanft geformten Flyschberge.

An der Bushaltestelle im Gunzesrieder Ortsteil **Säge** achten wir auf den Wegweiser „Naturlehrpfad" und an einer Gabelung auf das Täfelchen „Riedberger Horn". Beim vorerst letzten Haus nimmt uns ein zu Beginn ansteigender Ziehweg auf. An der Stuttgarter Hütte sowie an der Schwabenhütte vorbei, wandern wir hinein ins schweigende Ostertal.

Vom Berghaus Diesch führt dann ein Fahrweg durch ein Wäldchen zur **Buhlsalpe** und danach eine Anliegerstraße auf das Riedberger Horn zu. Nach kleinem Gefälle hat man auf einem Alpsträßchen über Viehweiden und Wiesen den Ostertalbach als Begleiter. Geradeaus, an einer Bienenzucht vorbei, steigt die nun waldige Route deutlicher an. Nach Querung einiger Seitenbäche taucht die **Grafenalpehütte** (auch Grafenälpehütte) auf, eine Jagdhütte.

Das Schild „Höllritzer Alpe" weist auf einen Ziehweg, der sich nach einer Bachbrücke durch lockeren Mischwald empor windet zur Hubertushaus unter dem Bleicherhorn. Über ein Weidegebiet erreichen wir schließlich die **Höllritzer Alpe**. Nur kurz folgen wir nach behaglicher Einkehr einem Mautsträßchen, bis der Ziehweg Richtung „Sipplingerkopf" abzweigt. Dieser wechselt bald in einen leicht steigenden Pfad. Zuletzt bringt uns ein wenig anstrengender Grassteig, Teil des Oberallgäuer Rundwanderwegs, über einen schmalen, mit ein paar Fichten bestockten Rücken zum **Bleicherhorn**, das uns mit einem hübschen Rundblick begrüßt. Nur eine geringe Einsenkung des begrünten

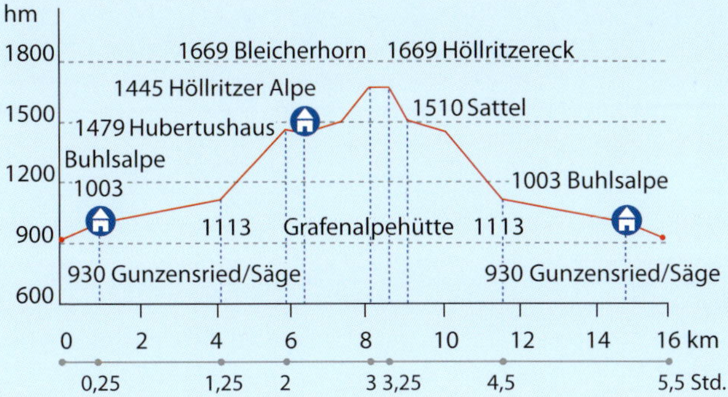

Kammes trennt uns jetzt noch vom gleich hohen **Höllritzereck**.

Über einen ebenfalls schmalen Rücken erfolgt der Abstieg in einen Sattel. Von dort quert ein Pfad schattseitig die Strauchzone am Dreifahnenkopf. Ein kleines Stück vor der Prinschenalp bummelt man zufrieden über nordgerichtete Weidehänge hinunter zur **Grafenalpehütte**, wo man den bekannten Kurs zum Ausgangspunkt **Säge** aufnimmt.

Der Siplingerkopf vom Aufstieg zum Bleicherhorn.

KOMPASS

0 500 m

Stuiben
Im Gund
1491
Wildschutz-gebiet
Winkelwiesenalpe
1080
Im Winkel
1749
Sommerhaus-A.
1124
Rauhenberg
1739
Rauhenbergalpe
Buchenberg
Wiesach
Rauhenbergalpe
E4
Variante
04
Rottachalpe (verf.)
Falkenalpe
E5
Berghaus Blässe
Otto-Hellmann-Hütte
1160
Vorderschönebuch
Ornachalpe
Rehmahdmoos
Allgäuer Berghof
Gunzesrieder Säge
START
Jugendheim
Schönebuch
Altes Höfle
Vorsäß 2
Gerstenbrändle
Geißrückenalpe
Alpenvereinshütte
1102
Gunzesrieder Loipe
Vorsäß 1
Ski-Bergheim
Obereggalpe
Panoramaweg
Berghaus Edenhofer
Knie-Alpe
1003
Buhlsalpe
Waldlehrpfad
Bergrestaurant Weltcuphütte
Weltcup-
1124
Otto-Schwegler-Hütte (Ostertalhütte) (DAV)
Ostertaler Tobel
Schwarzenbergalpe (Skihütte)
Kempler Wald
Viererssesse
Sommer-u.
1139
Stubenbachalpe
Mittelbergalpe
Offterschwanger Horn
Tobelhütte
1248
Schwandalpe
Anger-Hütte
996
Hornalpe
Leimgruberalpe
Angerbach
1406
Rundwande
Offterschwa
Horn
Forsthaus Ostertal
Variante
Birkachalpe
Fahnengehrenalpe
Reichenbachalpe (verf.)
Höhen-Loipe
Hornbac
Ostertalberg
1383
Ostertalbach
Holzschlagalpe
Sigiswanger Horn
1527
Schwinggund-A
1347
Jhtt.
Ostertal-A
Kahlrückenalpe
Höllritzer Wald
Wildschutz-gebiet
1616
Moselalpe
Alpentobel
Rangiswanger Horn
MTB nur für Geübte! Steilstrecke!
Variante
Unteralpe
1479
Grafenalpenhütte
Steinhöbelalpe
bertushaus
Dienst-hütte
Mitteralpe
1312
Mitteralpenkopf
Rangiswanger Alpe
1513
Kie
Rotbach
1443
Obere-
Kleiner Ochsenkopf
Kierwanger Alpe
1386
Oberalpe
Panoramaweg
Hörner-Tour
1571
Steibenbach
1665
1662
Weiherkopf
Winterbetr.
1628
1462
Printschenalpe
Großer-Ochsenkopf
Ornachalpe
Hörnerbahn
enkopf
Berghaus Schwaben
1436
Bergwachthütte
1500
Hintereckalpe
Bolsterlanger Horn
1362
Hörnerhaus
rauenstein
1586
Buchloer-Hütte
1640
E5 (Variante)
Alpe
Geheulschache
Jhtt.
1170
Zunkleitenalpe
Bolgenach
Naturlehrpfad
Obere Bolgenalpe
1367
Hinterbolgen
Grabbichelhütte
MTB nur für Geübte!
1787
Sonderdorf Kreuz
lberger Horn
Wildschutz-gebiet
Bolgen

8. Tiefenberger Moos

Im vielgestaltigen Illertal

Ausgangspunkt: Sonthofen, Bahnhof (Parkplatz), 743 m
Charakter: Mäßiger Anstieg. Teilweise beschilderte Wirtschafts-, Wald- und Wanderwege, Pfade und ganz kurze Straßenabschnitte, kleine weglose Passage | **Einkehr:** Sport- und Kurhotel Sonnenalp und in Tiefenberg || **Karte:** Kompass Nr. 3

Leicht | 10,75 km | 57 hm 57 hm | 2,75 Std.

Wir starten zu der Erholungsrunde am Bahnhof in **Sonthofen** auf der Bahnhofstraße, schwenken rechts in die Moltkestraße ein und achten auf den Richtungszeiger „Stadtteil Rieden". Vor der Bushaltestelle geht's durch eine Fußgänger-Unterführung. Anschließend spazieren wir über den Illersteg und folgen links dem Ufer-Wanderweg. Wenig später ist der Stadtteil **Sigishofen** erreicht.

Am Rathaus wählen wir links die Straße Richtung Schweineberg. Nach dem Ortsende folgt man kurz dem Fußgängerweg neben der B 19, bis ein Wirtschaftsweg in den Krebsbachtobel leitet. Dort verschmälert sich der Kurs in einen nur mäßig steigenden Waldwanderweg.

An der Verzweigung am Tobelende trennt uns noch eine weglose Weidequerung vom **Sport- und Kurhotel Sonnenalp**. Der Fußgängerweg neben der nach Sigiswang führenden Straße hält nun auf die Sonthofner Hörner zu. Nicht lange, dann lenkt das Wandertäfelchen auf den reizvollen Pfad ins **Tiefenberger Moos**.

Auf zwei Eisenstegen wird ein winziger Moorbach überschritten. Am bewaldeten Rand des Feuchtgebietes lässt sich die eigenwillige Ausstrahlung dieses urigen Fleckens in vollen Zügen genießen. Wo wir auf einen querlaufenden Wanderweg stoßen, lohnt es sich, diesem auf einem Abstecher bis zur Tafel „Einheimische Nadelbäume und Sträucher" durchs teilweise offene Hochmoor zu folgen.

Zurück auf der Hauptroute schaltet sich ein Feldweg ein. Bei Tiefenberg folgt man mit Rubihornblick rechts einem ruhigen Sträßchen. An einem Waldeck ist auf die Beschilderung „Moosrunde" zu achten. Anfangs wieder auf einem Feldweg, wenig später auf einem Wanderweg, schlendert man durch Wald und über Lichtungen zum Ofterschwanger Ortsteil **Tiefenberg**. Das

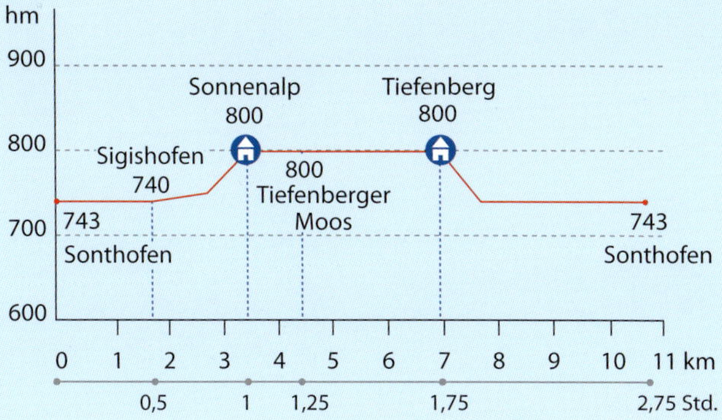

Schild „Haus Engstler" weist in ein Anliegersträßchen. Im weiteren Verlauf wandern wir auf einem Wirtschaftsweg bergab zur vorsichtigen Querung der Bundesstraße. Nach einem ganz kurzen Abschnitt am Fahrbahnrand bietet der Auwald am Illeruferweg einen recht beschaulichen Ausklang zurück zu unserem Ausgangspunkt in **Sonthofen**.

Tiefenberger Moos mit Sonthofner Hörnern.

KOMPASS

0 500 m

Maria Trost
Ruine
Burgberg
Reithalle
Brotzeithütte
Winkel
Starzlachklamm
Schwäbisch-Allgäuer Wanderweg
Augsburg-Sonthofen
Tannach
SONTHOFEN
743
Umspannwerk
Schießstand
1165
Moosrauft
774
Squash-center
(MD-Lok)
Modelleisen-bahnschau
St.Leonhard
Berghofen
775
Lenihütte
1098
Oberried
Burgstall
R.Fluben-stein
Unterried
Walten
Berghofener Bach
1044
Leonhardskap.
Breiten
Hof
Bhf. Sonthofen
Staig
Stauffenb
START
Kriegsgräber-stätte
Eissporthalle
Burg-siedlung
942
Öko-Kur-park
St.Nepomuk
Hotel Allgäu-Stern
Tiefenbach
bei Sonthofen
Sebastianskapelle
Schule
Heimathaus
308
Gebirgs-jägermuseum
Binswangen
Ostrach
Recker
mini-mobil
Freizeitbad Wonnemar
Burg Sonthofen
(ehem.Ordensburg)
Deutsche Alpenstraße
Burgstall
Illerstadion
Schießstand
Margarethen
Großer Bichl
Nacht-loipe
820
Kapelle
Imberg
Groß
Margarethakapelle
Hofen
Wasserwirt-schaftl. Lehr-wanderweg
St.Katharina
881
Bärenbichl
821
923
889
Steinbichel
Iller
IRW
976
19
Marienkapelle
Standort-Übungsplatz
740
Beilenberg
826
Schwarzenbach
Panoramahöhe
Löwenbach
Weingartenhöhe
Kühberg
Im Moos
ALTSTÄDTEN
996
750
986
ehem. Alemannische Reihengräber
St.Peter u.Paul
Hubertusfall
Reiners-bergw.
Sontho
Kalvarienbergkap.
Kahlenberg
Altstädter Mühle
Wssf. Leybach
1017
Hochweiler
Wild-fütterung
Beilenberg
Nacht-loipe
Burg-wald
St.Leonhard u. St.Wendelin
1248
Leybachtobel
Hinanger Wasserfall
1028
Kulturdenkmal
871
1280
Altstädter Hof
Weiler
St.Martin
1045
Sonnenklause
754
Malerwinkel
Hinang
823
Unter-thalhofen
Hinanger Hof
850
Schwarzenbach
Skating
Ober-
IRW
Haslachbach
Sonnenkopf

9. Rangiswanger Horn, 1615 m

Bequemer Ausflug in die Hörnergruppe

Ausgangspunkt: Ofterschwang/Sigiswang, Bushaltestelle bei der Kapelle, 848 m; Parkmöglichkeit am Straßenrand | **Charakter:** Langer meist mittelsteiler Aufstieg. Überwiegend beschilderte Alpwege und Pfade | **Einkehr:** Unterwegs keine | **Karte:** Kompass Nr. 3

Leicht | 8,75 km | 768 hm 768 hm | 4 Std.

Das Rangiswanger Horn, der dritte Gipfel des Sonthofner Hörnerkamms, zeichnet sich durch eine umfassende Rundschau aus. Besonders einprägsam offenbaren sich von dem bis obenhin begrünten Bergziel die großen Allgäuer Felsgestalten um Oberstdorf. Eine weitere Auszeichnung dieser komfortablen Bergwanderung ist der nahezu ständige Rückblick ins prächtige Illertal. Unernehmungslustige, die nicht auf demselben Weg ins Tal zurückkehren möchten, können nach dem Gipfelabstieg auch den Panoramaweg am Sigiswanger Horn vorbei zur Fahnengehrenalp und die Route über die Buchenschwandalp nach Ofterschwang in Erwägung ziehen.

Wir folgen in **Sigiswang** bei der Kapelle der nach Ofterschwang steigenden Kreisstraße und kurz darauf dem abzweigenden, geteerten Alpweg. In spürbaren Kehren wandern wir mit herrlichen Talblicken Richtung Kahlrückenalpe. Gleich nach der ein Stück abseits gelegenen Schwinggundalp erreicht man das etwas protzige Evangelische Freizeitheim **Kahlrückenalpe**.

Der nun schmälere Weg führt durch ein kleines Waldstück und, an Steigung zulegend, über Weidehänge zur Gschwendalp. Wir passieren daraufhin ein Naturstein-Rastplätzchen und treffen wenig später bei der **Sigiswanger Hornalp** ein.

Auf einem breit ausgetretenen Pfad bummeln wir jetzt gemütlich unter unserem Gipfelziel vorbei, südwestlich über Alpböden hinauf in die schwache Einsenkung auf dem zum Weiherkopf führenden Kamm. Von dort sind es nur noch ein paar Minuten zum **Rangiswanger Horn**. Über dem Oberstdorfer Talkessel setzen sich so manche der Allgäuer Rang-und-Namen-Gipfel in Szene: das Nebelhorn, der Große und Kleine Wilde, die Höfats, der Große Krottenkopf, Trettachspitze und Mädelegabel...

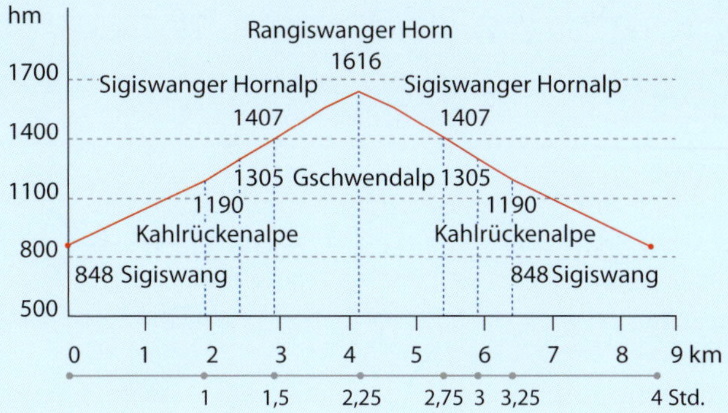

Sonthofner Talkessel mit Grünten von der Sigiswanger Hornalp.

Krumbachalpe
1683
Grathöflealpe
Dürrehornalpe
1502
Gundalpe
Krätzenstein
1570
Kirche
1669
1491
Unterkirchealpe
Winkelwiesenalpe
1080
Stuiben
Im Gund
Wildschutz-gebiet
1749
1739
Rauhenbergalpe
Sommerhaus-A.
1124
Sedererstuiben
Rauhenberg
1737
Buchenberg
Wiesach
Rauhenbergalpe
Rottachalpe (verf.)
Falkenalpe
Variante
1160
Berghaus Blässe
Ornachalpe
Vorderschönebuch
Rehmahdmoos
Gunzesrieder Säge
Jugendheim
Vorsäß 2
Schönebuch
Altes Höfle
Gerstenbrändle
Alpenvereinshütte
Geißbrückenalpe
1102
Loipe
Gunzesrieder Loipe
Vorsäß 1
Ski-Bergheim
Berghaus Edenhofer
im Winter gesperrt
Knie-Alpe
1003
Buhlsalpe
Waldlehrpfad
1124
Schwarzenbergalpe (Skihütte)
Otto-Schwegler-Hütte (Ostertalhütte) (DAV)
Kempter Wald
1139
Stubenbachalpe
Mittelbergalpe
Anger-Hütte
Ofterschwang
Tobelhütte
1248
Schwandalpe
996
Leimgruberalpe
1240
Stubachtal
Angerbach
1406
Forsthaus Ostertal
Birkachalpe
Reichenbachalpe (verf.)
Fahnengehrenalpe
Höhenloipe
Ostertalberg
1383
Ostertalbach
Holzschlagalpe
Sigiswanger Horn
1527
Stubenbach
1347
Ostertal-A.
Jhtt.
1616
Höllritzer Wald
Wildschutz-gebiet
Alpentobel
Rangiswanger Horn
Moselalpe
Höllritzer Alpe
MTB nur für Geübte! Steilstrecke!
Unteralpe
Variante
1479
1113
Grafenalpenhütte
Hubertushaus
Diensthütte
Mitteralpe
Steinhöbel
Rangiswanger Alpe
Mitteralpenkopf
1513
1443
Rottbach
Panoramaweg
Hörner-Tour
Kleiner Ochsenkopf
1571
1386
Oberalpe
1506
1665
1662
Variante
Weiherkopf
1628
1462
Printschenalpe
Großer-Ochsenkopf
Dreifahnenkopf
Ornachalpe
Berghaus Schwaben
Bergwachthütte
1500
1436
Hintereckalpe
Bolsterlanger Horn
1586
1362
Grauenstein
1640
Jhtt.
E5 (Variante)
Prinscher Alpe
Jhtt.
Bolgenach
1170
Zunkleitenalpe
0
500 m

Gunzesried
889
Sennerei
Rieden
Oberzoll-
brücke
Umspannwerk
Squash-
center
Gunzesrieder Ach
Hoch-A.
926
Hüttenberger Eck
1007
Im Loch
Kuckucksnest
Illersee
(Sonthofer See)
IRW
Vorderer
Winterbetrieb
1068
Klausebuckel-
hütte
Hüttenberg
804
Bergbauernsennerei
Bergwirt
Iller-
siedlung
Bhf.
Sonthofen
Alte Schule
Heimathaus
Otto-
Hellmann-
Hütte
Hüttenberg
Birkenbichlhütte
Bettenried
Westerhofen
740
Tennis u.
Squash
Gebirgs-
jägermuseum
Eggalpe
Wiesholztobel
Haslach
Sigishofen
Freizeitbad
Wonnemar
Naturlehrpfad
Illerstadion
Schießstand
Ettensbach
Sonneckhütten
Jhtt.
Hochbichlhütte
Wittelsbacher
Höhe
881
741
See-
wendel
Wurzelhütte
Ofterschwanger
Haus
Weltcup-Express
Wasserwirt-
schaftl. Lehr-
wanderweg
Sommer-u. Winter
Meinrads
Brotzeithütte
Wielenberg
Allgäuer
Sennerei
Horn
Schweineberg
Krebsbach
19
Buchenschwand-
alpe
Ofterschwang
864
Kurhotel
Sonnenalp
740
Rießb.
Reitschule
Muderbolz
Geißkopfbach
Hornbach
Im Moos
ehem.
Alemannische
Reihengräber
St. Peter
u. Paul
Sigiswang
Reithalle
Tiefenberg
848
START
Naturschutz-
Tiefenberger
Moos
gebiet
18-Loch-Golfplatz
Sonnenalp
Kalvarienb.
Altstädter
Mühle
Mühlbach
Sonnen-alp
Sonnenalp
runde
Seichebach
Dietrichs
Schönblick
Hageberg
Wasserwirtschaftl.
Lehrwanderweg
Sonthofen-Fischen
Kulturdenkmal
Wohlfahrtsbichl
Bauhof
878
Untermühlegg
Höldersberg
Weiler
754
797 St. Anna
Bachtelmühle
Kierwang
Kultur-
denkmal
Riedle
Golfresort
Sonnenalp-
Oberallgäu
Bachtelmühle
Golfplatz
Bolsterlang
Skating
IRW
Alpe
Untere-
Bergblickweg
Stuibenbach
Gundelsberg
821
Obermühlegg
Naturdenkmal
Sportpl.
Eislaufpl.
Berg
Haslachbach
Winterbetr.
Bolsterlang
858
Kulturdenkmal
Kurpark
892
Hirtenstein-
Sanatorium
Loipe
Fischen-Berg
Weiler Ach
Eisplatz
Fisch
Im Allgä
Hochseil-
garten
(Skimuseum)
Kurhaus Fiskina
Nachtloipe
Inselperle
Höhenweg

10. Weiherkopf, 1665 m, und Großer Ochsenkopf, 1662 m

Über zwei kleine Gipfel ins Bolgental

Ausgangspunkt: Bolsterlang, Bushaltestelle an der Hörnerbahn (Parkplatz), 940 m | **Charakter:** Kurzer Steilaufstieg zum Weiherkopf. Meist bezeichnete Steige und Pfade, Alp- und Wanderwege | **Einkehr:** Berghaus Schwaben, Zunkleitenalpe | **Karte:** Kompass Nr. 3

Leicht | 7 km | 287 hm 915 hm | 3,25 Std.

Den Aufstieg zu der problemlosen Höhenwanderung nimmt uns die Kleinkabinenbahn von Bolsterlang in zwei Sektionen zur **Bergstation** am Bolsterlanger Horn ab. Auf einem meist mit Holzstufen angelegten Steig mühen wir uns über einen steilen, mit Fichten bestockten Bergrücken auf den **Weiherkopf**, eine an schönen Tagen recht bevölkerte Weidekuppe. Verständlich, entfaltet sich doch von hier ein phantastisches Gipfelpanorama vom Grünten über all die ungezählten Zacken, Grate und Kämme bis zum Widderstein.

Richtung Schwabenhaus geht's nun ebenfalls über einen Waldrücken bergab. Später erfreut man sich einer gemächlichen Höhenbummelei. Nach einem mäßigen Gegenanstieg verlässt man an einer Verzweigung die zum Berghaus Schwaben beschilderte Route und bleibt dem für eine Weile wieder flachen Kammverlauf treu. Ab der nächsten Gabelung setzt der kurz unbezeichnete, aber ausgetretene und nicht sonderlich anstrengende Schlussaufstieg über einen Zwergstrauchhang mit Alpenrosen zu dem von der Westseite her beweideten Gipfelrundling namens **Großer Ochsenkopf** an.

Trotz der Nähe der Bergbahn ein verhältnismäßig stilles Gipfelziel. Nur wenige kränkelnde, teilweise auch bereits abgestorbene Fichten behindern den Rundumblick. Sogar das Lechquellengebirge lässt sich hinter dem Widderstein sehen. Rechts vom Ifen dominiert der Zitterklapfen.

Wir steigen zurück zur Gabelung und in Kürze bergab zum **Berghaus Schwaben**, einer beliebten Einkehr. Der Alpweg Richtung Bolsterlang führt über einen Weidehang zur nahen Hintereckalp. Dort zweigt ein Pfad ab, der uns durch Wald und über Lichtungen ins Bol-

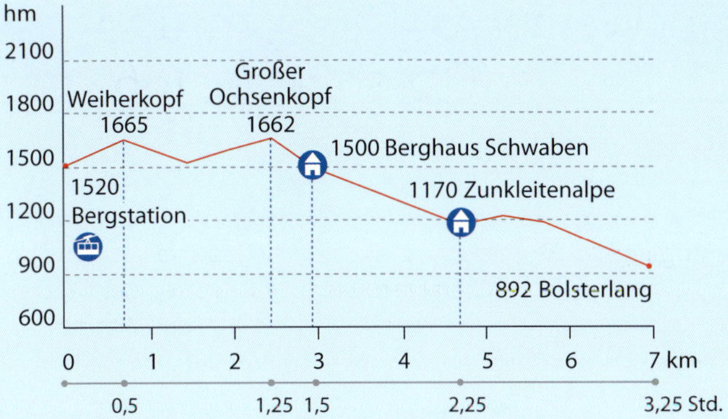

gental leitet. Auf einem geteerten Alpweg kommt man zur **Zunkleitenalpe**. Dort lenkt das Schild „Hörnerbahn" auf einen ansteigenden Ziehweg, der im weiteren Verlauf in einen Wanderweg wechselt. Ab der Wegtafel „Sonderdorfer Gasse" ist es nicht mehr weit, am Sonderdorfer Kreuz vorbei, hinunter nach **Bolsterlang**.

Das einladende Berghaus Schwaben am Großen Ochsenkopf.

KOMPASS

0 500 m

Weltcup-Express
Vierersesselbahn
Sommer- u. Winter
Wurzelhütte
Ofterschwanger Haus
Meinrads Brotzeithütte
Hornalpe
Buchenschwand-alpe
Rundwanderweg Ofterschwanger Horn
Ofterschwang
864
Wielenberg
Höhe
881
Seewendel
Allgäuer Sennerei
Wasserwirtschaftl. Lehrwanderweg
Iller
IRW
19
Schweineberg
Kurhotel Sonnenalp
Reitschule
Muderbolz
Reithalle
Tiefenberg
Naturschutz
gebiet
Tiefenberger Moos
Moos-runde
Im Moos
ehem. Alemannische Reihengräber
Sigiswang
848
Schwinggund-A
Kahlrückenalpe
Mühlbach
Seichebach
Riebb.
Gaißkopfbach
Hornbach
18-Loch-Golfplatz Sonnenalp
Sonnen-alp
Sonnenalp-runde
Dietrichs
Schönblick
Altstädter Mühle
Hageberg
Wasserwirtschaftl. Lehrwanderweg Sonthofen-Fischen
E5
Wohlfahrtsbichl
878
Untermühlegg
797
St. Anna
Höldersberg
Weiler
754
Bauhof
Bachtelmühle
Kierwang
1312
Rittingerbach
Obere-
Untere-
Riedle
Golfresort Sonnenalp-Oberallgäu
Bachtelmühle
Kultur-denkmal
Golfplatz Bolsterlang
Gundelsberg
821
Bergblickweg
Stuibenbach
Obermühlegg
Sportpl.
Eislaufpl.
Steibenbach
Naturdenkmal
Berg
Winterbetr.
Hörnerbahn
Bolsterlang
892
858
Kulturdenkmal
Kurpark
Hörnerhaus
Buchloer Hütte
Höhenweg
Hirtenstein-Sanatorium
Hochseil-garten
Weiler Ach
Loipe Fischen-Berg
Skatingloipe
Skimuseum
Kurhaus Fiskina
Nachtloipe
Tanneck
Inselnerle
Kur-park
Aumühle
Sonderdorf
892
Sonderdorfer Kreuz
Maderhalm
912
874
Histor. Säge-mühle
Grundb.
Haflinger-Hof Müller
Haus des Gastes
Kurpark
Naturdenkm.
Oberdorf
Freizeit- u. Wellnesspark
Burgstallbach
Rapp
Am Gold-bach
Erlebnis- u. Familienbad Frohsinn
Natur-park
Loipe Maderhalm/Langenwang
Obermaiselstein
859
Herren-berg
Hauben-egg
Loipe Haubenegg
Nieder Loipe
Niederdorf
Sonnenbichl
19
Cafe Besler
Unter-heubat
Ried
846
Rottfischbach
Schönberger Ach
Gh. Schwarzen-berg
989
Hermannstein
Schönhaldenkopf
771
Achtal
Gh. Sturmannshaus
E5 (Var.)
Heidrucken
1340
Sturmannshöhle
Tel. +49(0)8326-38309
Hirschsprung
Hst. Langenwang
Jägersberg
1164
Im Ried
Hof
Cafe Atlantis
"Alex"

11. Samstenberg, 1513 m

Individualismus am Westrand des Allgäus

Ausgangspunkt: Balderschwang, Bushaltestelle im Ortsbereich Schlipfhalden, bei den Alpchalets (Parkplatz) am westlichen Dorfende, 1044 m | **Charakter:** Mitunter steiler Aufstieg zur Stillbergalpe. Zum Teil bezeichnete Pfade und Pfadspuren, kurze Abschnitte auf Steig, Alp- und Ziehwegen. Orientierungssinn erforderlich, Grenzübertritt | **Einkehr:** Unterwegs keine | **Karte:** KOMPASS Nr. 3

Mittel | 8,75 km | 469 hm / 469 hm | 4 Std.

Als Startpunkt für die höchst einsame Unternehmung bieten sich die Alpchalets am Dorfende von **Balderschwang** an. Gleich danach lenkt an der Pension Theresienhof das Schild „Höhenweg" auf eine nach kurzem Aufschwung, in Dorfrichtung führende Pfadspur. Bei einem Bauernhof gehen wir Richtung „Girenkopf".

Der zwischen Waldflecken ansteigende Ziehweg heizt ordentlich ein. An der Gabelung unterhalb der Klösterlealpe achten wir auf den Richtungsweiser und schlendern auf einem Pfad ein Stück am Waldhang entlang. Ab der folgenden Verzweigung windet sich ein Steig rechts empor zur **Stillbergalpe**. Die Blickspanne vom Riedberger Horn über die Hochalpen und Gottesackerwände zum Bregenzerwaldgebirge verlangt nach einer Pause.

Der Alpweg Richtung Spicherhaldealp leitet mit einer Kehre zur Kammhöhe unter dem zugewachsenen Stillberg. Dessen nur wenige Meter hoher Zwillings-Gipfelfelsen südlich der Wegkuppe ist – man will es kaum glauben – nur in anspruchsvoller Kletterei des gehobenen II. Grades zu überlisten. Wir verzichten auf diese Eskapade und folgen gleich in westlicher Richtung, erst auf einer Fahr-, wenig später auf einer Pfadspur, zwischen Fichtengruppen dem Kamm. Mit kleinem Gegenanstieg erreicht man den **Samstenberg**, eine unscheinbare Weidekuppe.

Nach kaum nennenswertem Abstieg behindern ein paar Bäume das Vorwärtskommen. Hier sind die nördlichen Steilabbrüche im Auge zu behalten. Anschließend steigt man leicht rechts des Kammes über einen Weidezaun und bleibt nach einem Aufschwung erneut der Höhe treu. Der folgenden Felspartie weicht man südseitig aus und übersteigt danach einen weiteren Zaun. Nun geht's wieder bequem durch eine kleine Gras-

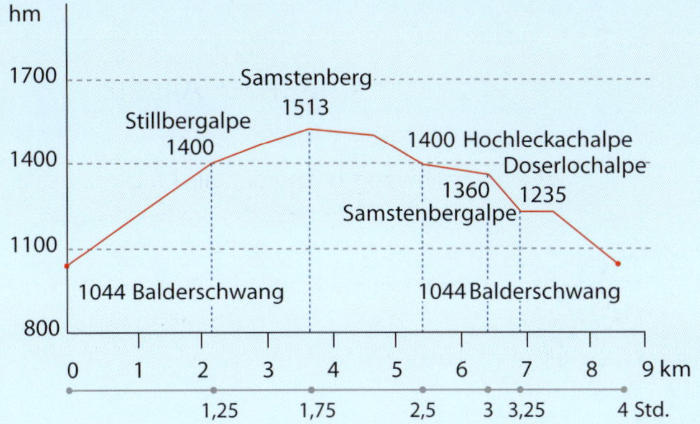

mulde bergab, über die Grenze nach Vorarlberg. Rot-weiße Markierungspflöcke leiten über Weidehänge zur **Hochleckachalpe**.

Zwei Ziehwegkehren und ein mitunter undeutlicher Pfad durch einen Waldstreifen am Hang entlang bringen uns zur Samstenbergalpe. Wieder auf bayerischer Seite stoßen wir nach unwesentlichem Gegenanstieg hinter der Doserlochalpe auf den bekannten Kurs nach **Balderschwang**.

Die Weideböden der Samstenbergalp.

Mittlere-
Untere-
1192
1000-jährige Eibe
-Ziehenalpe
Naturdenkmal
Ober-stiegalp 1178
Schilprealpe
Obere Lauchalpe
Panorama-Rundtour
Ziehenalpe
Trialpath Nur für Geübte!
1488
Seelealpe
Farngrat
1834
Hochgrat
Waldlehrpfad
Eineguntalpe
1372
Staufnerhaus 1614
1704
Panorama-Rundtour
Schneelochalpe 1276
Eineguntkopf (Rohnehöhe)
1663
Bergrest. Hochgratbahn
Falkenhütte 1439
1639
1636
Seelekopf
Südliche Lauchalpe
Hohenfluhealpe (verf.)
1419
Obergelchenwangtobel
Obere-
-Berggundalp
1535
Rohnealpe
Plattentischalpe
1561
04
Variante
Falkenköpfe
Glocken-plattealpe 1276
Wäldlealpe
E4
E5
Obere Samansbergalpe 1209
Langentobel
Lachealp 1189
Hintere-
-schneidenbachalpe
Untere Samansbergalpe
Leiterbergalpe 1096
Schwarzlache
Julians-platte-alpe
Eggalpe
Vordere-
Höfle
Lecknerbach
Lecker See
1069
1137
Suraalp 1241
1027
Neuschwandalpe 1103
Holzschlagalpe
Obere Höflealpe
1227
Helmingenalpe
Stillberg 1532
Koppachalpen
Äuelealpe
1188
1491
Hintere-(verf.)
-Stillbergalpe
Samstenberg
1513
Vordere-
1532
Klösterlealpe
Obere-
Samstenbergalpe
-Ochsenlageralpe
Koppachstein 1537
Hochleckachalpe
Berg-blick
Untere-
Obere-
Doserlochalpe
-Hobelalpe
Obere Schönhaldenalpe
1221
START
Bungalowdorf Alp Chalet
Untere-1232
Schlipf-halden
Schrofenalpe 1315
alpe
Schön-haldenalpe
1052
Gschwendmiesalpe
Dürlisbergalpe
Klösterlealpe
1004
Liechtenstein
Sonne
Bibersteiner Hütte Loipenstüble
Gerigsschwend
Biberstein-alpe
970
Sippersegg-alpen
1268
Burstalpen
Fuchsschelpenalp
1047
Eugsteralpe
Bolgenach
Jhtt.
1074
Balderschwang
Güggeralpe
Ot. Burstalpe
Dreihüttenalpe 1047
Vorderriesalpe
Hinterriesalpe
Sprengers Burstalpe
Bibersteiner Bach
Burstkopf
Renkknie
1411
1404
1559
Ober-
Jhtt.
-Krineggalpe
Gmeiners Burstalpe
1052
Unter-
Hochrieskopf 1465
Hochriesalpe
Sattel
Feuerstätterkopf
Güntlealpe
Mähmoos
Bereuters Riesalpe 1291
1645
940
1628
Wieseln
Wieseln
Neuburgalpe
Bereuters
KOMPASS
0 500 m

Rote Wand
1380
E4
E5
04
Vordere Aualpe
1052
Straße im Winter gesp
Schwarzenb
Aubach
Hintere Aualpe
(Variante)
1626
Brunnenauscharte
Wasserfall
Untere Gelchenwangalpe 1414
Schneeloch
1139
Pass Scheidwang 1315
Rappengschwendalpe 1240
Hirschgundalpe (verf.)
Scheidwangalpe 1317
Untere-Siplingeralpe
Obere-(verf.)
1628
Tennenmooskopf
Scheidwanger Melke
Heldenkopf 1685
Untere Wilhelminealpe
Stubenbach
1270
Girenkopf 1683
Siplingerkopf
Scheidwangsattel
Gratkopf 1670
1746
Im Kessel
Obere Wilhelminealpe
1489
1599
1588
Spicherhaldealpe 1481
(Variante)
Höllritzer A
Schnelleralpe (verf.)
Hintere Aschalpe (verf.)
Obere Balderschwanger Alpe
Bleicherhorn 1669
Naturdenkmal 2000-jährige Eibe
Obere-1256
Balderschwang
1044
Kienles Adlerkönig
Hubertus
Höllritzereck 1669
Socheralpe
1108 Stöckalpe
Ifenblick
Alpe Unterbalderschwang
Untere-
1506
Gschwend
Dorfweiher
Jägerwinkel
Waldalpe (verf.)
Unt. Höllritzeralpe (verf.)
1628
Dreifahnenko
Schelpenalpe (n. Winter)
Rauhbach
Höflealpe (nur Wi.)
Max-Theo-W.
Au
Schwabenhof
Kreuzlealpe (verfallen)
Wohnmobilstellplatz
1400
Jhtt.
Prinscher Alpe
Graue
Sala Möser
Schwabenhof
Riedberghornbahn
Gelbhansekopflift
Schelpenbahn
Lenzen Alpe
Wildschutzgebiet
Wildfütterung 1075
Gelbhansekopfalpe
Köpflealpe 1274
Bodenseehütte 1250
Gelbhansekopf
1437
Schwarzenberglift
Lenzengraben
Bolgenach
1598
Riedber
Gelbhansekopfalpe
Obere Hansekopflealpe (verf.)
Schwarzenberg
Brunos Käshütte
Hornhütte
Schelpbach
Junghansen
1202
1379
Jhtt. Schwarzenbergalpe 1422
Fuchs-Schelpen-Alpe
Fuchshütte 1300
Obere M 1374
Stelzenwald
1545
Hochschelpenalpe (verf.) 1425
1198
Untere Schelpenalpe 1302
Diensthütte
Jhtt.
Scheuenalpe
Rund um den Hohen Ifen
Im Rhana
Hochschelpen 1552
Riedbergstra
Stubenlöcher
Äußerer Scheuenwald
Bolgenach
Roßschelpen-A.
MTB-Schiebestrecke

12. Siplingerkopf, 1746 m

Anregende Überschreitung mit Rätikonblick

Ausgangspunkt: Balderschwang, Bushaltestelle beim Schullandheim (Parkplatz), 1044 m | **Charakter:** Der steile, gelegentlich auch felsige und ein wenig ausgesetzte Gipfelübergang mit schmierigen Stellen im Abstieg verlangt Trittsicherheit. Meist bezeichnete Alpwege und Steige. Vorsicht bei Nässe! Etwas Orientierungssinn ist vorteilhaft | **Einkehr:** Obere Balderschwanger Alpe | **Karte:** KOMPASS Nr. 3

Mittel | 9,5 km | 702 hm / 702 hm | 3,5 Std.

Der Siplingerkopf ist die schönste und wegen seiner ostseitig bizarren Nagelfluhformationen die eigenwilligste Erscheinung über dem Balderschwanger Tal.

Vom Schullandheim in **Balderschwang** führt ein Fußgängerweg taleinwärts. Am Ortsende richten wir uns nach dem Schild „Alpe Wilhelmine". Ein asphaltierter Alpweg führt mit Säntisblick an einer 2000jährigen Eibe vorbei. Hinter dem Talschluss erkennt man Mädelegabel und Trettachspitze.

Wir passieren die Obere Socheralpe, wandern zwischen Fichtengruppen hindurch und erreichen über eine Wegschleife die **Obere Balderschwanger Alpe**. Im Süden bestechen die markanten Gottesackerwände.

Eine Serpentine steigt jetzt zu einem Absatz, wo der Wegweiser „Siplingerkopf" auf einen unmarkierten Steig zeigt. Rechts eines Bächleins findet man auf einem Baumstumpf wieder eine Beschilderung. Unter dem Gratkopf vorbei geht es durch lockeren Wald hinauf zum Gipfelansatz. Über steile und teilweise luftige, Trittsicherheit erfordernde Geländerippen, auf denen ab und an der nackte Fels zutage tritt, gewinnt man den **Siplingerkopf**, den Höhepunkt des Oberallgäuer Rundwanderwegs. Sogar Verwall und Rätikon bereichern das Panorama.

Der Ostabstieg folgt anfangs einem schmalen Grasrücken. Dann wechselt der spärlich bezeichnete Fernwanderkurs in eine vielgestaltige, mit wenigen Fichten bestockte Schrofenflanke, die abschüssige Passagen mit erdigen Stellen beinhaltet. Nach einer kaum brauchbaren Drahtseilsicherung gelangt man in den Sat-

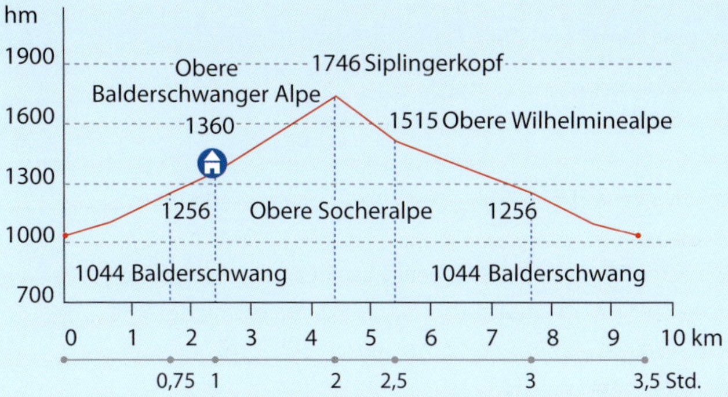

tel vor dem Tennenmooskopf. Nächste Station ist die **Obere Wilhelminealpe**, die man über Alpweiden auf einem gemütlichen Pfad erreicht. Im Bereich der Waldgrenze schlendern wir nun auf einem Alpweg hinunter zur asphaltierten Aufstiegsroute, die uns über die Obere Socheralpe nach **Balderschwang** bringt.

Am spannenden Ostabstieg vom Siplingerkopf.

KOMPASS

0 500 m

Gunzesrieder Loipe
Straße im Winter gesperrt
Hintere-Wieslesealpe
Vordere Aualpe
1052
Hintere Aualpe
Aubach
Schwarzenberg
Rappengschwendalpe
1240
Stubachtal
Schwarzenbergalpe (Skihütte)
1139
1124
Knie-Alpe
Vorsäß 1
Berghaus Edenhofer
Buhlsalpe
Otto-Schwegler-Hütte (Ostertalhütte) (DAV)
Mittelbergalpe
Stubenbachalpe
Tobelhütte
1248
Schwandalpe
Leimgruberalpe
Forsthaus Ostertal
Hirschgundalpe (verf.)
Birkachalpe
Ostertalberg
1383
Ostertalbach
1628
Tennenmooskopf
Untere Wilhelminealpe
Stubenbach
1347
Ostertal-A.
Höllritzer Wald
Wildschutzgebiet
Obere Wilhelminealpe
Im Kessel
1489
Höllritzer Alpe
1479
MTB nur für Geübte! Steilstrecke!
Unteralpe
1113
Grafenalpenhütte
Dienst-hütte
Alpentobel
Mitteralpe
Mitteralpenkopf
1443
Hintere Aschalpe (verf.)
Hubertushaus
Bleicherhorn
1669
Höllritzereck
1669
Rotbach
Kleiner Ochsenkopf
1571
1108
Stöckalpe
1506
Waldalpe (verf.)
Unt. Höllritzeralpe (verf.)
1628
Dreifahnenkopf
1462
Printschenalpe
1662
Großer Ochsenkopf
Berghaus Schwaben
1500
E5 Variante
Rauhbach
Schwabenhof
Wohnmobilstellplatz
Riedberghornbahn
Kreuzlealpe (verfallen)
1400
Graunenstein
1640
Jhtt.
Prinscher Alpe
E5 (Variante)
Obere Bolgenalpe
1367
Hinterbol
Wildschutzgebiet
Wildfütterung
1075
1598
1787
Riedberger Horn
MTB nur für Geübte!
Bolgen
Hornhütte
Hörner-Tour
E5 Variante
Winterbetr.
Grasgehrenhütte
Obere Mittelalpe
1374
1601
Grasgehrenlifte
1447
Stelzenwald
Hörnlealpe
1564
Obere Hörnlealpe
1384
Jhtt.
1416
Riedbergpass
1406
Scheuenalpe
Riedbergstraße

13. Berggasthof Kranzegg, 1080 m

Lachsalven auf dem Witz-Wanderweg

Ausgangspunkt: Ausgangspunkt: Rettenberg/Kranzegg, Bushaltestelle am westlichen Ortsrand, 862 m; Parkplatz am Grüntenlift, außerhalb des Dorfes | **Charakter:** Kurzer, mäßig steiler Aufstieg. Gut bezeichnete Steige und Pfade, kurz Feldweg und Pfadspuren, zuletzt Alpweg | **Einkehr:** Berggasthof Kranzegg, Berghof Deubele | **Karte:** Kompass Nr. 3

Leicht | 5,25 km | 278 hm / 278 hm | 1,75 Std.

Auf den meisten Wanderwegen werden bekanntlich nur wenige Muskelpartien trainiert. Ganz anders auf vorliegendem kleinen Ausflug. Nein, nicht die Oberarme sind gemeint. Die Skistöcke kann man angesichts der recht einfachen Routenführung getrost zu Hause lassen. Heute geht es ausnahmsweise mal um Muskelstränge, die im arbeitsreichen Alltagsleben ohnehin von der Kümmernis bedroht sind: die Lachmuskeln. Unzählige Bild- und Texttafeln erheitern den lesefreudigen Geher auf „Oberallgäus lustigem Wanderweg" am laufenden Band.

Wir benützen in **Kranzegg** vom westlichen Dorfrand den Gehsteig zum Alpengasthof Kreuz. Dort nehmen wir den Fußgängerweg an einem Bach bergauf und lassen uns vom Täfelchen „Oberallgäus lustiger Wanderweg" den Kurs zeigen. Die unterhaltsame Runde folgt in der ersten Kurve dem mit „Haus Kranzegg" beschilderten, mäßig steilen Tobelweg, einem spannenden Waldsteig. An der nächsten Gabelung quert der Witzkurs den Wildbach und passiert einen kleinen Wasserfall. Auf einem Forstweg kreuzen wir einen Quellarm dieses Bachlaufs und gelangen auf einem Pfad unter dem Hochbehälter vorbei zum **Berggasthof Kranzegg**, der zu einer gemütlichen Einkehr verlockt.

Bei der anschließenden Privathütte weist das Schild „Alpe Kammeregg" auf eine kurze Weidespur, die unter zwei Skiliften hindurch zur Schwarzalp leitet. Dort kreuzt die Witzroute ein Alpsträßchen. An der darauffolgenden Ruhebank genießt man einen hübschen Ausblick vom Hauchenberg über den langen Rottachberg – dahinter grüßt der Blenderturm – zum Rottachsee. Ein kaum mehr steigender Feldweg hält nun auf den Grünten zu und bringt uns zur betagten **Geißalp**, dem höchsten Punkt der Tour. Nun zeigen sich auch Mittag, Steineberg und Im-

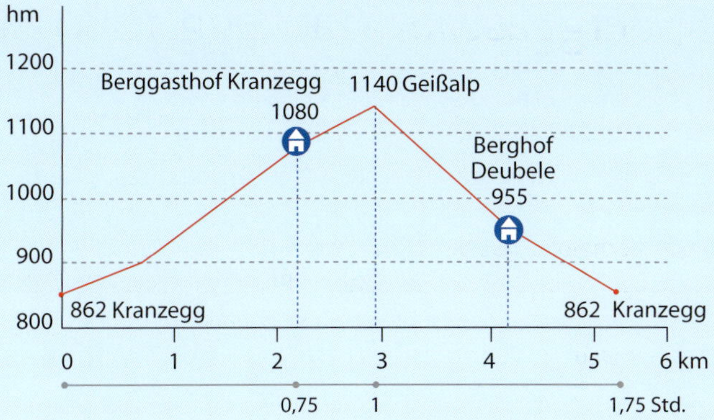

menstädter Horn. Ein kleines Stück später verläuft ein Pfad über Weidehänge bergab Richtung Kranzegg. Bald nimmt uns ein geteerter Alpweg auf, der talwärts nochmals unter den beiden Skiliften hindurch führt. Zuletzt geht's an der hölzernen Asante-Christus-Kapelle und dem Berghof Deubele vorbei nach **Kranzegg**.

Neugierig-verschämtes Rindvieh auf der Bergweide. Bild unten: Im Rettenberger Filialort Kranzegg startet der Witz-Wanderweg.

KOMPASS

0 500 m

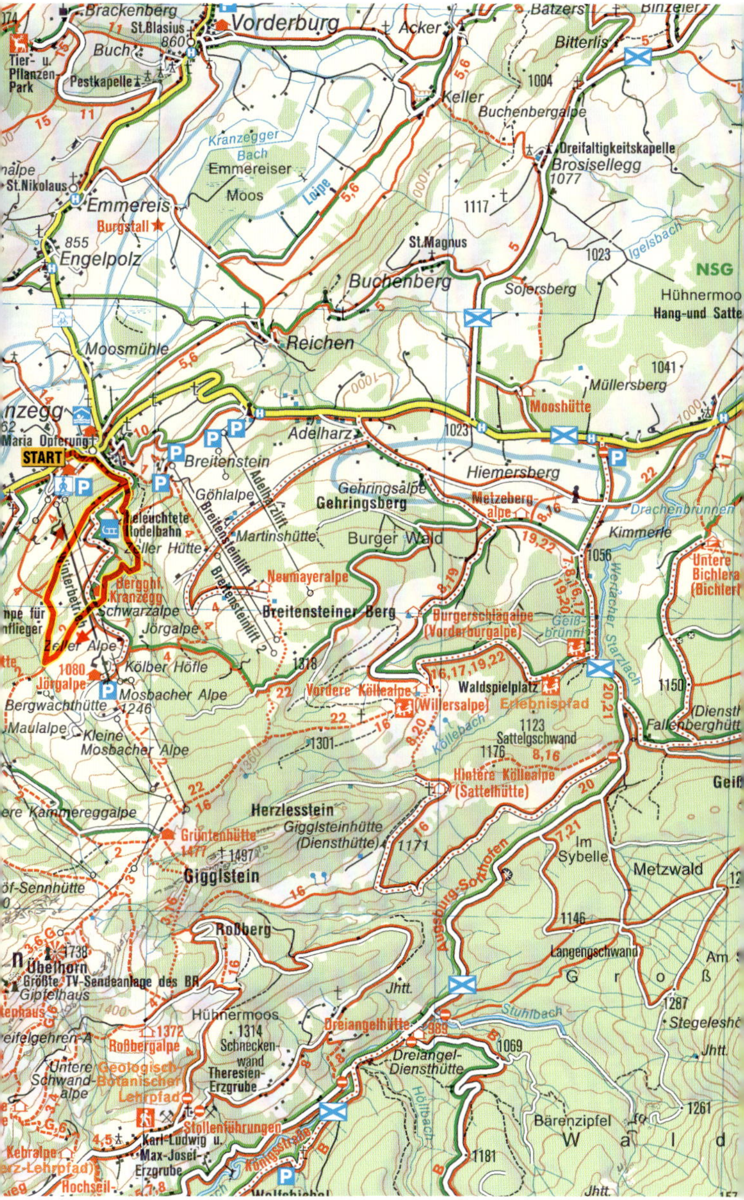
Brackenberg
St.Blasius
860
Vorderburg
Acker
Batzers
Binzeler
Tier- u. Pflanzen-Park
Buch
Pestkapelle
Bitterlis
Keller
1004
Buchenbergalpe
Kranzegger Bach
Emmereiser Moos
Loipe
Dreifaltigkeitskapelle
Brosisellegg
1077
St.Nikolaus
Emmereis
Burgstall
1117
855
Engelpolz
St.Magnus
1023
Igelsbach
NSG
Hühnermoo
Hang-und Satte
Buchenberg
Sojersberg
Moosmühle
Reichen
1041
Müllersberg
Mooshütte
Maria Opferung
START
Adelharz
1023
Breitenstein
Hiemersberg
Gehringsalpe
Gehringsberg
Metzeberg-alpe
Drachenbrunnen
Göhlalpe
Adelharzlift
Breitensteinlift
Beleuchtete Rodelbahn
Martinshütte
Burger Wald
Kimmerle
Zeller Hütte
1056
Untere Bichlera (Bichler
Hinterbetten
Neumayeralpe
Berggh. Kranzegg
Wertacher Starzlach
Schwarzalpe
Breitensteiner Berg
Burgerschlägalpe (Vorderburgalpe)
Geißbrünnl
Jörgalpe
Zeller Alpe
1318
1080
Jörgalpe
Kölber Höfle
Waldspielplatz
1150
Mosbacher Alpe
Vordere Kölleealpe
(Willersalpe)
Erlebnispfad
Bergwachthütte
1246
(Diensth
Fallenberghütt
Maulalpe
Kleine Mosbacher Alpe
1301
Köllebach
1123
Sattelgschwand
1176
Hintere Kölleealpe (Sattelhütte)
Kammereggalpe
Herzlesstein
Gigglsteinhütte (Diensthütte)
1171
Im Sybelle
Metzwald
Grüntenhütte
1477
1497
Gigglstein
Augsburg-Sonthofen
1146
Roßberg
1738
Übelhorn
Größte TV-Sendeanlage des BR
Gipfelhaus
Langengschwand
Am
G r o ß
Jhtt.
1287
Stegelesch
Hühnermoos
1314
Schneckenwand
Theresien-Erzgrube
Dreiangelhütte
989
Stuhlbach
1069
Dreiangel-Diensthütte
1372
Roßbergalpe
Untere Schwand-alpe
Geologisch-Botanischer Lehrpfad
Stollenführungen
Höllbach
1261
Bärenzipfel
W a l d
Kebralpe
Karl-Ludwig u. Max-Josef-Erzgrube
Königsstraße
1181
Hochseil-
Wolfsbichel
Jhtt.

14. Schnitzlertalalpe, 1385 m

Eine Abstiegswanderung als Einsteigertour

Ausgangspunkt: Rettenberg, Wanderparkplatz „Großer Wald“, Bushaltestelle, 1005 m; zu erreichen auf der Staatsstraße Richtung Wertach | **Charakter:** Mäßig steile Anstiege. Ausreichend beschilderte Pfade, Pfadspuren und Forstwege, zu Beginn Alpsträßchen | **Einkehr:** Schnitzlertalalpe | **Karte:** Kompass Nr. 3

Leicht | 11 km | 435 hm 435 hm | 3,5 Std.

Der Große Wald stellt das umfassendste zusammenhängende Waldgebiet des Oberallgäus dar. Ganze Kolonnen Naturhungriger lassen sich dort an Schönwetter-Wochenenden auf dem steilen Mautsträßchen zur Schnitzlertalalpe geduldig von „Autowanderern“ sowie Rennradlern und Mountainbikern zigmal zum Fahrbahnrand weisen. Besonders für Kinder ein ziemlich fader Zeitvertreib. Dabei könnte man auf dem zum gleichen Ziel beschilderten, köstlichen Wanderpfad völlig ungestört relaxen. Als Rückweg bleibt, falls man sich auch jetzt nicht mit dem Sträßchen anfreunden möchte, nur der bekannte Kurs. Der noch in manchen Karten eingezeichnete Rundwanderweg ist längst verfallen.

Das mit „Alpe Schnitzlertal“ ausgeschilderte Königssträßle, ein als Naturlehrpfad angelegtes und mit einer Fuchsfährte markiertes Mautsträßchen, führt uns vom **Wanderparkplatz „Großer Wald“** leicht bergan über ein Weidegebiet. Bald nach einer Kuppe spazieren wir am Unterstand Geißbrünnl vorbei und über die Brücke der Wertacher Starzlach. Durch Mischwald geht's zur **Fallenberg-Diensthütte**.

Dahinter zweigen wir auf einen Forstweg ab und queren denselben Bachlauf noch einmal. Diese recht ruhige Alternativroute zur Schnitzlertalalpe wird nach erneutem Uferwechsel von einem Waldweg abgelöst. Man passiert einen Schuppen und findet am Fahrwegende einen Bachsteg vor. In weiterhin erholsamer Manier genießt man die verträumte Bummelei auf einem amüsanten Knüppelpfad durch ein sehr stimmungsvolles Feuchtgebiet.

Später hält ein Waldpfad ein paar deutlichere Aufschwünge parat. Auf einer Weidespur gelangen wir über Lichtungen zur **Kälberhütte**, einem Viehstall auf einem Geländeabsatz.

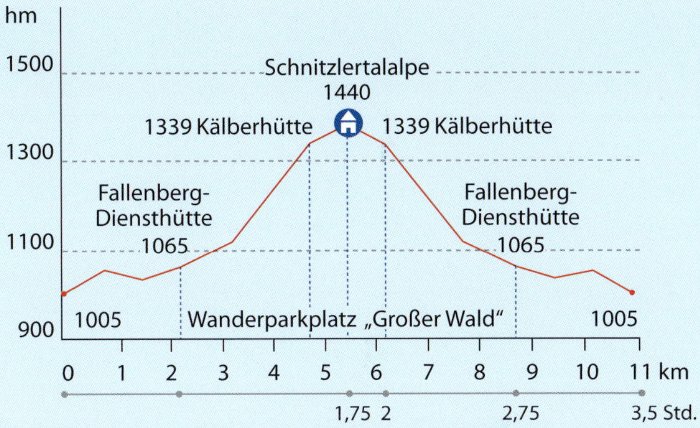

Am ostseitig aufragenden Starzlachberg haben die Waldschäden ein leider schon sehr betrübliches Ausmaß angenommen. Jenseits des Wertacher Starzlachtals grüßt der Grünten-Sendeturm.

Ein gemächlicher Rücken leitet uns zur behaglichen **Schnitzlertalalpe** unter dem besonders zur Zeit der Alpenrosenblüte anziehenden Doppelgipfel Wertacher Hörnle.

Der Schlussaufstieg hält über gemütliche Alpweiden aufs Wertacher Hörnle zu.

Tannenalpe
St. Nikolaus
Emmereis
Emmereiser Moos
Kranzegger Bach
Loipe
Burgstall
855
Engelpolz
Hinterberg
Bommen
Hubertushof
880
Moosmühle
Reichen
Humbacher Berg
Auf dem Falken
1115
(Falkenstein)
Sterklis
Heiligste Dreifaltigkeit
Humbach
Vorderberg
Kranzegg
862
Maria Opferung
Adelharz
Breitenstein
Göhlalpe
Adelharzlift
Breitensteinlift
Martinshütte
Kalchenbach
Gratweg
Waldweg
beleuchtete Rodelbahn
Zeller Hütte
Neumayeralpe
Berggasthof Kranzegg
Schwarzalpe
Breitensteiner Berg
Jörgalpe
806
St. Stephan
Brauerei Zötler
Startrampe für Drachenflieger
Winterbetrieb
Zeller Alpe
Familienbad
Lehrpfad
Zellerhütte
1102
1080
Jörgalpe
Kölber Höfle
1318
Mosbacher Alpe
1246
Vordere Kölle
Bergwachthütte
Bichel
Hasengarten
Maulalpe
Kleine Mosbacher Alpe
1301
Altach
Gsol
Kammereggalpe
1130
Obere Kammereggalpe
Herzlesstein
Gigglsteinhütte (Diensthütte)
Grüntenhütte
1477
1497
Gigglstein
Wagneritz
763
Privatbahn Bayr. Rundfunk
972
Kalkhöf-Sennhütte
1210
Roßberg
Grünten
1738
Übelhorn
Größte TV-Sendeanlage des BR
Gipfelhaus
Jägerdenkmal
Siechenkopf
Grüntenhaus
1572
1535
Zweifelgehren-A
1372
Roßbergalpe
Hühnermoos
1314
Schneckenwand
Theresien-Erzgrube
Dreiangel
Geologisch-Botanischer Lehrpfad
1496
Stuhlwand
Untere Schwandalpe
Burgberger Hörnle
Obere Schwandalpe
Weinberg
1432
Stollenführungen
Karl-Ludwig u. Max-Josef-Erzgrube
Schaubergwerk
Brunnenanger
Wurstbach
Kehralpe
(Eisenerz-Lehrpfad)
Hochseilgarten
Königsstraße
Wolfsbichel
Sankholz
Steinebichlkapelle
Höfleweg
Starzlach
1058
St. Ulrich
Weiheralpe
Alpenblick
Burgberg
Topfenalpe
901
Ofen
Burgberger Waldalpe

0 500 m

Wertach
Markt 915
Buchenbergalpe
Dreifaltigkeitskapelle
Brosisellegg
1077
St.Magnus
Sojersberg
Igelsbach
NSG
Hühnermoos
Hang-und Sattelmoor
Obere Mühle
Bichl
Lift außer Betrieb
Müllersberg
Mooshütte
START
Felssäge
Hiemersberg
Metzeberg-alpe
Drachenbrunnen
Auf dem Zeiger
Kimmerle
Kühberg
1290
Untere Bichleralpe (Bichlerhof)
Obere Bichleralpe (Schlaghofhütte)
Deutsche Alpenstraße
310
Burgerschlägalpe (Vorderburgalpe)
Bremenloch
Waldspielplatz
Erlebnispfad
Im Gschröf
1244
(Diensth.) Fallenberghütte
Hintere Kölleaipe (Sattelhütte)
Geißrücken
1220
In der Metz
Kälberhütte
Gerenköpf
Im Sybelle
Metzwald
Starzlachberg
Alpe Schnitzlertal
1440
Langengschwand
Am Satz
Stegeleshöfle
Bergwacht-hütte
Kessel
Hörnlesee
Wertacher Hörnle
Bärenzipfel
Brentenalpe
Im Brenten
Am Edelsberg
Buchelalpe 1241
Am Buchel
Obergschwend

15. Grünten, 1738 m

Mit Ruhepuls auf den Parade-Aussichtsberg

Ausgangspunkt: Rettenberg, Wanderparkplatz „Großer Wald", Bushaltestelle, 1005 m; zu erreichen auf der Staatsstraße Richtung Wertach | **Charakter:** Steiler Schlussaufstieg. Ausreichend bezeichnete Pfade, Steige und kurze Ziehwege, anfangs Alpsträßchen | **Einkehr:** Grüntenhütte | **Karte:** KOMPASS Nr. 3

Mittel | 14 km | 733 hm 733 hm | 5 Std.

Der leichteste Aufstieg zum wohlgeformten „Wächter des Illertals" beginnt am **Wanderparkplatz „Großer Wald"**.

Das zum Abenteuer-Kinderspielplatz beschilderte Königssträßle, ein als Naturlehrpfad angelegtes und mit einer Fuchsfährte markiertes Mautsträßchen, führt über Weiden leicht bergan. Von der Gabelung bei dem nach einer Kuppe auftauchenden Unterstand Geißbrünnl erreichen wir in Kürze den Kinderspielplatz. Unser Entspannungskurs setzt sich weiter fort durch den Badwald zur **Vordere Köllealpe** auch Willersalp genannt.

Die Grünten-Markierung weist uns auf einen Ziehweg, links zeigt sich der Waldschopf des Wertacher Hörnles. Ab einer nahen Alphütte hält ein spärlich markierter, gemütlicher Graspfad auf das plötzlich in Erscheinung tretende Gipfelziel zu. Schön ist der Tiefblick auf Wertach und den Grüntensee, dahinter der Auerberg. Wo der Pfad im Fichtenwald untertaucht, zeigt sich die zwar winzige, aber dennoch beeindruckende Felszinne des Gigglsteins.

Die Abzweigung Richtung Kranzegg auf dem nun schmäleren Rücken bleibt unbeachtet. Gleich nach dem Bergwachtstützpunkt am Waldende kommt man auf einer Schulter zur **Grüntenhütte**. Weit schweift das Auge über das Häusermeer von Kempten hinaus ins Alpenvorland. Im Süden bestechen die Hintersteiner Berge mit dem Hochvogel.

An einem weiteren Schlepplift folgen wir einem Ziehweg über Weidehänge, wieder das stolze Ziel vor der Nase. Später nimmt uns ein gedankenlos breit ausgetretener, steiler Steig auf, der zuletzt in wenigen Serpentinen den kurzen Ostgrat erreicht. Noch ein paar leichte Felsstufen, erst links, dann rechts des Grätchens, und schon betreten wir das Jägerdenkmal auf dem **Grünten**, dessen höchster Punkt

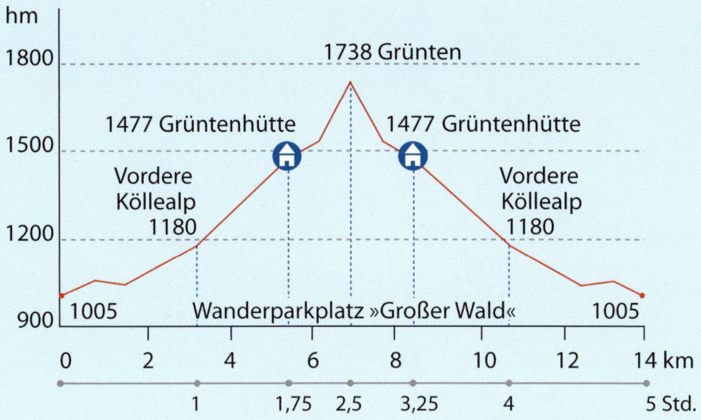

sich auch Übelhorn nennt. Es ist kaum zu glauben, dass dieser Gipfel, wie man nachlesen kann, bereits im Jahre 1949 mit einem Motorrad bezwungen wurde. Die beeindruckende und umfassende Rundschau hat Majestäten wie die Zugspitze, den Säntis oder die Schesaplana im Rätikon vorzuweisen.

Die letzten Meter zum „Wächter des Illertals".

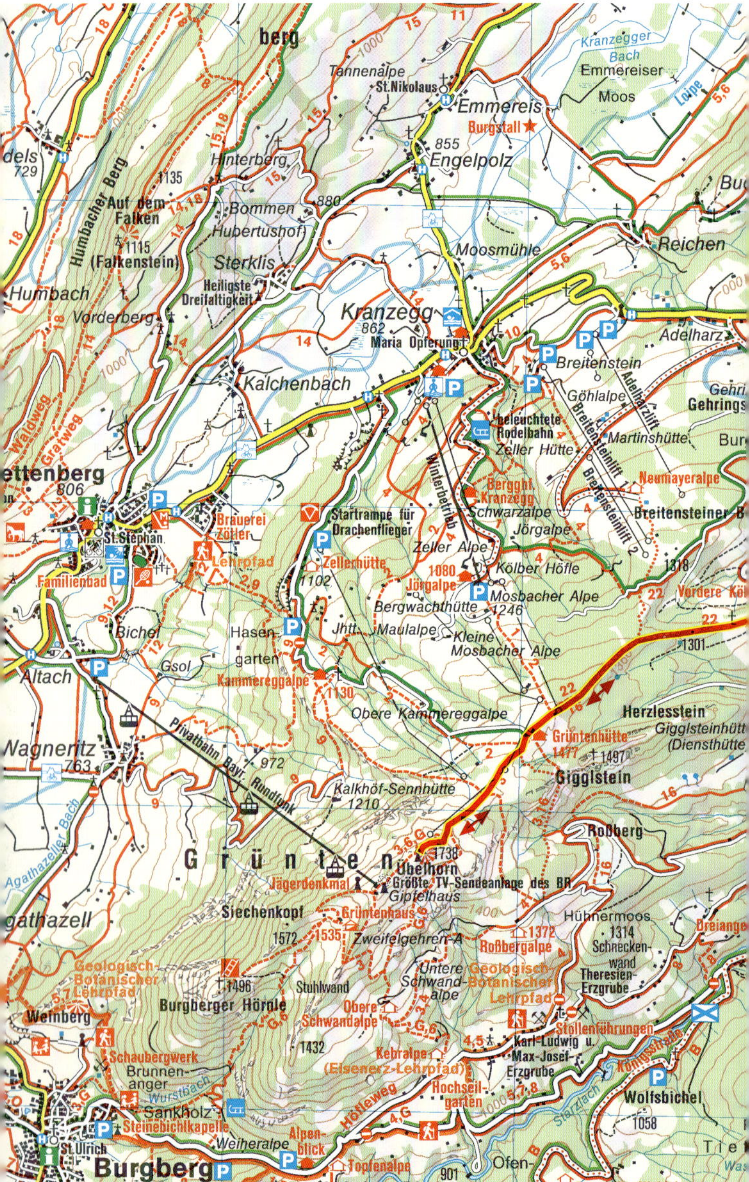

KOMPASS

0 500 m

Buchenbergalpe
Dreifaltigkeitskapelle
Brosisellegg
1077
Grüner Pfad
Wertach
Markt 915
Stockatanne
994
895 Fabrik
Heimatmuseum
Schleife
Lourdesgrotte
Reithalle
Squashhalle
Obere Mühle
Igelsbach
1117
St.Magnus
1023
NSG
Hühnermoos
Hang-und Sattelmoor
Sojersberg
in Bau
Bichl
Lift außer Betrieb
1024
Starzlach
1041
Müllersberg
Mooshütte
1023
START
Felssäge
310
Deutsche Alpenstraße
1034
Hiemersberg
Metzeberg-alpe
Drachenbrunnen
Auf dem Zeiger
Wertach
Kimmerle
Kühberg
1290
Wertacher Starzlach
Untere Bichleralpe (Bichlerhof)
Obere Bichleralpe (Schlaghofhütte)
Burgerschlägalpe (Vorderburgalpe)
Geiß-brünnl
Bremenloch
1218
Waldspielplatz
Erlebnispfad
1150
Im Gschröf
1244
(Diensth.)
Fallenberghütte
1203
1142
1123
Sattelgschwand
1176
Hintere Kölleälpe (Sattelhütte)
Köllebach
Geißrücken
1220
Vorsäßbach
Gerenk
1504
In der Metz
Kälberhütte
1339
1171
Im Sybelle
Metzwald
1253
1576
Roßalp
1585
Augsburg-Sonthofen
1146
Alpe Schnitzlertal
1440
Starzlachberg
Riederberg
Langengschwand
Am Satz
Großer
1287
Stegeleshöfle
Bergwacht-hütte
1695
Stuhlbach
Dreiangel-Diensthütte
1069
Kessel
Hörnlesee
Jhtt.
Wertacher Hörnle
1684
Höllbach
1261
Bärenzipfel
Wald
Brentenalpe
Am Edelsberg
Im Brenten
Buchelalpe 1241
1181
Jhtt.
1394
1576
Am Buchel
Obergschwend
Wsst.
Wald
Tiefenbacher Hütte

16. Reuter Wanne, 1542 m

Einer der leichtesten Voralpengipfel

Ausgangspunkt: Ausgangspunkt: Wertach, Wertach-Parkplatz an der B 310, Abzweigung Jungholz; Bushaltestelle, 934 m
Charakter: Kurze steilere Aufstiege. Meist beschilderte Forst- und Ziehwege, Pfade, anfangs Alpsträßchen. Orientierungssinn vorteilhaft | **Einkehr:** Alpenhof Reuter Wanne, Untere Reuterwannealpe | **Karte:** Kompass Nr. 3

Leicht | 8,75 km | 608 hm 608 hm | 3,5 Std.

Am Ostrand des Oberallgäus lockt über dem Grüntensee der ohne jeglichen Stress leicht erschwingliche Wandergipfel der Reuter Wanne. Sein überzeugendes Ausblickspektrum reicht von den Ammergauer Alpen über die Zugspitze und die Tannheimer Berge bis ins Walsertaler Gipfelreich. Aus dem Angebot an Aufstiegen aller Himmelsrichtungen, von denen jeder seinen Reiz hat, wollen wir die Westroute mit ihren zwei Einkehrmöglichkeiten wählen.

Wo beim **Wertach-Parkplatz** an der B 310 die Straße nach Jungholz abzweigt, beginnt auch ein Mautsträßchen. Dieses bringt uns durch Mischwald und über ein paar Lichtungen, von denen sich Reuter Wanne und Sorgschrofen, Iseler und Daumen zeigen, zum **Alpenhof Reuter Wanne**. Auf geteertem Alpweg gelangen wir zur naheliegenden **Untere Reuterwannealpe**. Nach einer Weidefläche geht es dann auf einem Forstweg weiter. An der Verzweigung bei einem Bachtobel richten wir uns nach dem Wegweiser „Reuterwanne“ und wenig später nach der Beschilderung „Jungholz“. Am Rand eines Tobels wandert man auf einem steilen Ziehweg über einen Windwurfhang und bald durch Fichtenwald. Jenseits des Großen Waldes lenkt der Grünten den Blick auf sich. Zuletzt zieht sich ein Pfad zu einem Sattel, in dem die **Obere Reuterwannealpe** steht. Man quert nun eher gemächlich die südgerichteten Weidehänge und strebt schlussendlich ohne große Anstrengung über den Südwestrücken der **Reuter Wanne** entgegen.

Nach einer ausgiebigen Gipfelrast steigen wir auf dem Anstiegsrücken wieder ab und halten uns am scharfen Routenknick in wenigen Minuten geradeaus zu einem querlaufenden Forstweg. Rechts einschwenkend kommen wir zu einer Gabelung, wo uns das Täfelchen „Reuterwannen Alpe“ den weiteren Talkurs zeigt. An einem

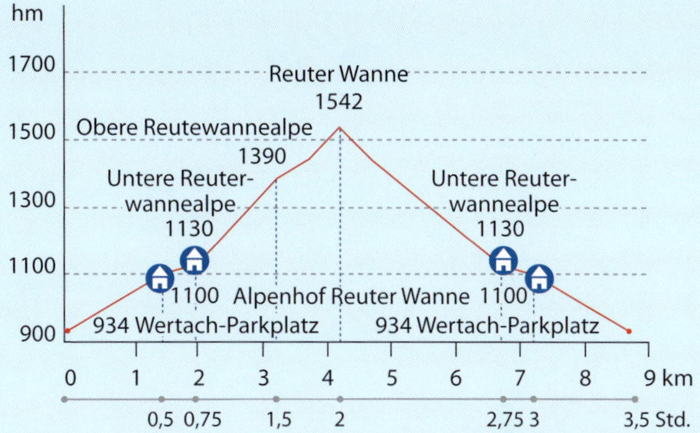

Felsabbruch vorbei und in ein paar Kehren spazieren wir durch den leider arg geschädigten Bergwald zurück zu den bekannten Alpweiden. Die **Untere Reuterwannealpe** und der **Alpenhof Reuter Wanne** laden noch wahlweise zu einer Brotzeit ein. Zum Schluss geht es wie gehabt zum **Wertach-Parkplatz**.

Das bei Jung und Alt gleichermaßen beliebte Bergwanderziel Reuter Wanne vom einsamen Nachbar Pfeifferberg.

Vorderburg
Acker
Batzers
936
Binzeler
Gereute
972
Bitterlis
1004
Keller
Buchenbergalpe
Landwirtschaftl. Lehrpfad
Grüner Pfad
Wertach Markt
994
Stockatanne
Dreifaltigkeitskapelle
Brosisellegg
1077
Lourdesgrotte
Bach
Moos
Loipe
1117
Igelsbach
Obere Mühle
St. Magnus
1023
NSG
Buchenberg
Sojersberg
Hühnermoos
Hang- und Sattelmoor
in Bau
Reichen
Starzlach
1041
Müllersberg
Mooshütte
Adelharz
1023
Felssäge
1034
Hiemersberg
Gehringsalpe
Gehringsberg
Metzeberg-alpe
Drachenbrunnen
Auf dem Zeiger
Kühberg
Martinshütte
Burger Wald
Kimmerle
1056
Neumayeralpe
Untere Bichleralpe (Bichlerhof)
1290
Breitensteiner Berg
Burgerschlägalpe (Vorderburgalpe)
Geißbrünnl
Wertacher Starzlach
Bremenloch
1218
1318
Im Gschröf
1244
Vordere Köllealpe
Waldspielplatz
(Willersalpe)
Erlebnispfad
1150
(Diensth.)
Fallenberghütte
1301
1123
Sattelgschwand
1176
Köllebach
1142
1283
Hintere Köllealpe (Sattelhütte)
Geißrücken
1220
Herzlesstein
Giggelsteinhütte (Diensthütte)
1171
In der Metz
Kälberhütte
1339
Im Sybelle
Metzwald
1253
Augsburg-Sonthofen
1146
Alpe Schnitzlertal
1440
Langengschwand
Am Satz
Großer
Jhtt.
Dreiangelhütte
989
Stuhlbach
1287
Stegeleshöfle
Bergwacht-hütte
1069
Dreiangel-Diensthütte
1695
Jhtt.
Kessel
Hörnlesee
1684
Wertacher Hörnle
1261
Bärenzipfel
Wald
Brentenalpe
1181

0 500 m

Natur-erlebnis-pfad
Grüntensee Camping
Campingplatz Waldesruh
Fischereilehrpfad Wertach
Deutsche Alpenstraße
zeitweise gesperrt
Fabrik Hammerschmiede
Heimatmuseum Schleifw.
St. Sebastian ("Kleine Wies")
Untere Mühle
Hinterreute
969
Marabu
Buron-Hütte
Haslachalpe
Blössealpe
Reithalle
Sägemühle u. Sägewerk
Enthalb der Ach
Vorderreute
998
Hochvogelweg
Auf der Blöße
1455
1542
Reuterwanne
Obere-Reuterwannealpe
Alpenhof Reuterwanne
Unt. Reuterwannealpe
(nur Sommer)
(Variante)
Pfeifferberg
Wildgehege
Deutsche Alpenstraße
START
In der Bräme
Heuberg
Gießenschwand
Moorweiher
Alpe Stubental
Obere Bichleralpe (Schlaghofhütte)
Habsbichl
Untere-Höfen
Höhenweg
Jungholz
Langenschwand-loipe
Köpfle
Schrofenhütte
Schnitzerweg
Langenschwand
Obere-
Schiebestrecke
Dorfloipe
Pfeiffermühle
Sorgschrofenlifte
Schwandlift
Bischlaglift
Vordere Sorgalpe
Gerenköpfle
Hengstberg
Roßalpe
Zweiländer-Loipe
Hintere Sorgalpe
Hängender Schrofen
Alpele
Bike Trail
Tatzenrieskopfl
Seebad Weg
Sorgschrofen
Zinken
1613
1636
nur für Geübte!
Riederberg
Untergschwend
Bärenloch
Im Nesselhöfle
Schranzschrofen
Zerreralpe
Kälberhofalpe
Im Neuwald
Unterjoch
Zehrerhöfe
310

17. Von Burgberg nach Agathazell

Auf dem „Holzweg" durch den Moorbirkenwald

Ausgangspunkt: Burgberg, Bushaltestelle beim Rathaus (Parkplatz), 752 m | **Charakter:** Frei von Steigungen. Bestens beschilderte Wirtschafts- und Wanderwege, kurze Abschnitte auf Anliegersträßchen und Pfad | **Einkehr:** In Agathazell | **Karte:** Kompass Nr. 3

Leicht | 8 km | 28 hm / 28 hm | 2,25 Std.

Zwischen Blaichach und Rettenberg weitet sich das Illertal am Fuße des Grüntens zu einer feuchten Wiesenebene. Komfortable Wanderrouten ermöglichen dort im Bereich des Agathazeller Mooses und Gallmooses eine erholsame und dennoch recht eindrucksvolle Spazierrunde.

Wir nehmen vom Rathaus in **Burgberg** den Gehsteig in Richtung Blaichach, bis uns der Wegweiser „Moos" auf einen Graspfad lenkt. Nahe des Steinbruchs „An der Schanz", an dem bereits seit dem Jahre 1886 Gesteinsabbau betrieben wird, folgen wir ein Stück weit dem geologisch-botanischen Lehrwanderweg. Etliche Schautafeln erläutern die Entstehung eines Hochmoors.

Mit Blick zum Burgberger Hörnle wandern wir auf einem Feldweg zur Schanzbachbrücke und entschwinden auf einem Wanderweg ins **Agathazeller Moos**. Um Trittschäden und Nährstoffeintrag zu vermeiden, hat man den spannenden Weg durch den urigen Moorbirkenwald stellenweise mit Holzstegen (siehe Bild auf der folgenden Seite) angelegt.

Den verspielt mäandernden Agathazeller Bach querend, kommen wir, zuletzt auf einem Anliegersträßchen, nach **Agathazell**.

Ein Wirtschaftsweg führt uns nun an Pferdekoppeln vorbei und auf fortwährend flachem Kurs zum Segelflugplatz. Vor uns baut sich das Immenstädter Horn auf, hinter uns der Grünten und über dem Illertal treten auch noch die prächtigen Oberstdorfer Gipfelgestalten mit auf die Bühne. Die Flugplatz-Ampel gibt grünes Licht für den Weiterweg nach **Häuser**, auf dem wir nochmals den Agathazeller Bach überschreiten. Rechter Hand dehnt sich das Gallmoos (auch Goimoos) aus.

Am Ortsende orientiert man sich an der Beschilderung „Illerweg

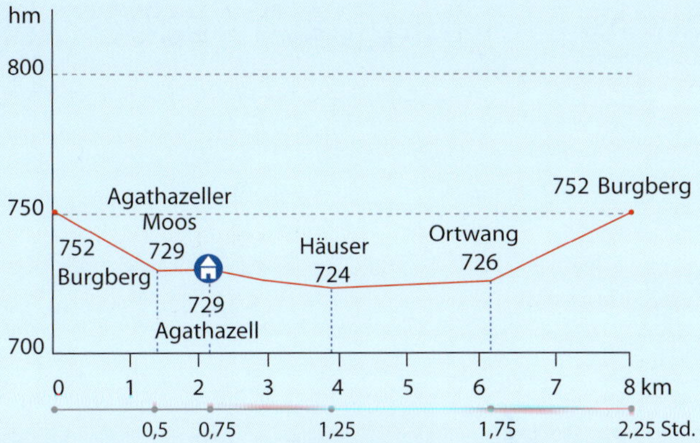

Blaichach". Nach Wechseln des Schanzbachufers geht's durch die Autobahn-Unterführung und auf dem Uferweg am bewaldeten Flussufer entlang. Der Gehsteig Richtung Burgberg unterquert die Blaichacher Illerbrücke. Nun spaziert man hinein nach **Ortwang**.

Vom benachbarten Oberortwang leitet ein Wirtschaftssträßchen, den wuchtigen Daumen vor der Nase, zurück nach **Burgberg**.

Komfortable Holzstege erschließen das übrige Agathazeller Moos bei Burgberg.

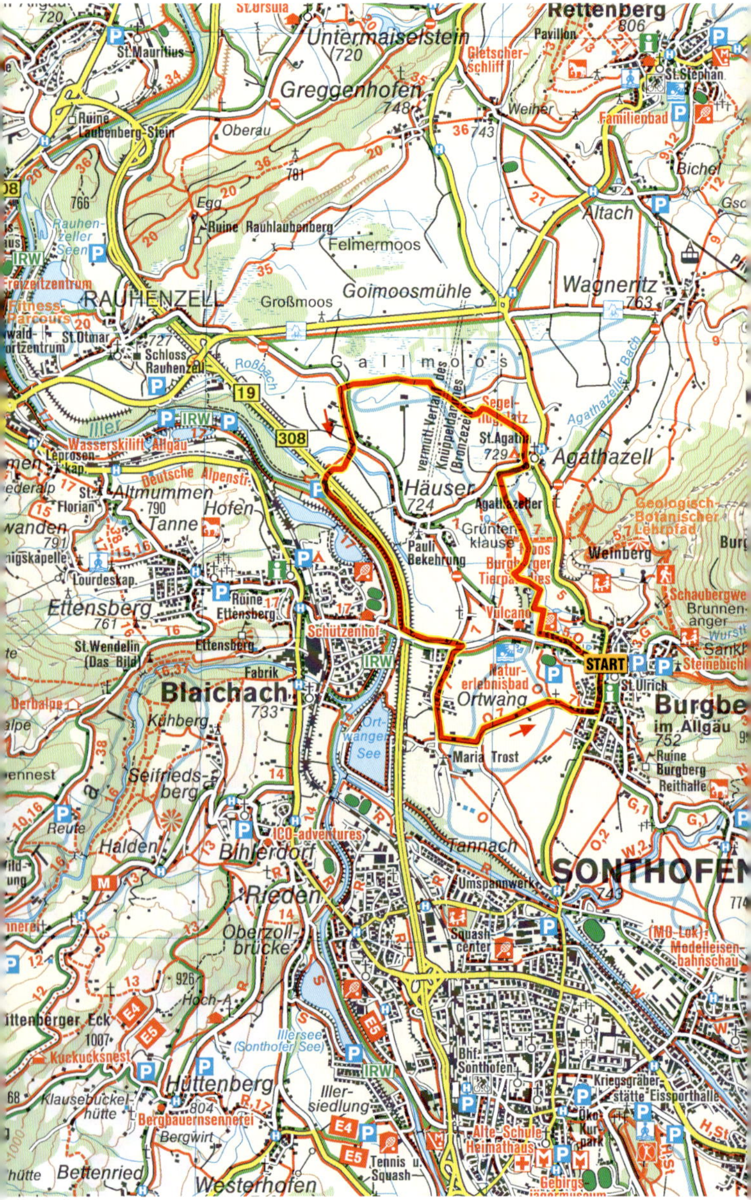

KOMPASS

0 500 m

Brauerei Zötler
Startrampe für Drachenflieger
Berggh. Kranzegg
Schwarzalpe
Jörgalpe
Neumayeralpe
Breitensteiner Berg
Burgerschlägalpe (Vorderburgalpe)
Zeller Alpe
Zellerhütte
Kölber Höfle
1318
1080
Jörgalpe
Mosbacher Alpe
Bergwachthütte
1246
1102
Vordere Köllealpe
(Willersalpe)
Waldspielplatz
Erlebnispfad
Hasen-garten
Jhtt.
Maulalpe
Kleine Mosbacher Alpe
1301
Köllebach
1123
Sattelgschwand
1176
Kammereggalpe
1130
Hintere Köllealpe (Sattelhütte)
Obere Kammereggalpe
Herzlesstein
Gigglsteinhütte (Diensthütte)
Grüntenhütte
1477
1497
1171
972
Bayr. Rundfunk
Gigglstein
Kalkhöf-Sennhütte
1210
Augsburg-Sonthofen
Roßberg
1738
Übelhorn
Jägerdenkmal
Größte TV-Sendeanlage des BR
Gipfelhaus
Jhtt.
Siechenkopf
Grüntenhaus
1400
Hühnermoos
1314
Dreiangelhütte
989
Stuhlbach
1572
1535
Zweifelgehren-A
1372
Roßbergalpe
Schneckenwand
Theresien-Erzgrube
Dreiangel-Diensthütte
1069
1496
Stuhlwand
Untere Schwand-alpe
Geologisch-Botanischer Lehrpfad
Hörnle
Obere Schwandalpe
Stollenführungen
Höllbach
Bärenz
1432
Kehralpe (Eisenerz-Lehrpfad)
Karl-Ludwig u. Max-Josef-Erzgrube
Königsstraße
1181
Höfleweg
Hochseilgarten
Starzlach
Wolfsbichel
Alpenblick
1058
Rothmoos
Weiheralpe
Topfenalpe
Tiefenbacher Wald
901
Ofenwald
Wasserfall
Auf dem Ried
Berghofer Waldalpe (Ofenalpe)
Tiefenbacher-H
1308
Brotzeithütte
Blässleskopf
Kottersbach
1320
Starzlachklamm
Schwäbisch-Allgäuer Wanderweg
Augsburg-Sonthofen
Tiefenbacher Eck
1525
1569
1165
Moosrauft
Schießstand
Jhtt.
Bildstöckle
1329
Im Ferchle
Im Kehr
Weiße Platte
Im Rohrach
Sohlalpe
St. Leonhard
Lenihütte
Jhtt.
Schwandeckhütte
1098
Berghofen
775
Oberried
Wickkapelle
1217
Jhtt.
Alpe im
Burgstall
Berghofener Bach
Gschwend
1200
R. Fluhenstein
Burgstall
Unterried
1044
Teils geteert, teils geschottert!
Walten
Leonhardskap.
Breiten-Hof
1123
Schelmenbach
Staig
Stauffenbichl
Gailenberg
989
942
Tiefenbach bei Sonthofen
Riedle
Bad Hind
Hotel Allgäu-Stern
Sebastianskapelle
Vorderhindelang
308
881
832
Rockenberg

18. Ruine Fluhenstein – Walten

Miniaturrunde mit Besuch des Burgstalltobels

Ausgangspunkt: Sonthofen, Bushaltestelle „Berghoferkreuzung" bei der Sparkasse (Parkplatz), an der nach Hindelang führenden Bundesstraße, 743 m | **Charakter:** Einfacher Anstieg. Ausreichend beschilderter Wanderweg und Pfad, kurze ruhige Straßen | **Einkehr:** In Walten und Berghofen | **Karte:** Kompass Nr. 3

Leicht | 4,75 km | 137 hm 137 hm | 1,75 Std.

Als Startpunkt zu unserem kleinen Entdeckungsausflug wählen wir in **Sonthofen** die Bushaltestelle „Berghoferkreuzung".

KOMPASS HIGHLIGHT

Die Burgruine Fluhenstein
Die heute waldumschlossene, mittlerweile leider einsturzgefährdete Sonthofner Ruine Fluhenstein, durch einen Halsgraben vom Waltener Berg getrennt, weist noch ansehnliche Mauerreste von Turm und Hauptburg auf. Die Anlage setzt sich aus der alten Kernburg mit hohem Halbrundturm und einem neueren, von den Bischöfen von Augsburg anstelle der einstigen Vorburg errichteten Vorhof zusammen. Dieser war ostseitig durch das Haupttor zugänglich. Oswald von Heimenhofen hatte das Gebäude der ehemaligen Herrschaft Fluhenstein im Jahre 1361 neu erbaut. Die Burg war Sitz des Ammans der Pflege Rettenberg und wurde 1525 von Bauern geplündert.

Ein Gehsteig bringt uns zum Stadtteil **Berghofen**, wobei wir hinter der Ostrachbrücke Richtung Walten abzweigen. Am Ortsrand entdeckt man den ebenfalls nach Walten beschilderten Wanderweg, einen Abschnitt des E 4. Dieser von den Pyrenäen über den Jura zum Neusiedler See verlaufende Europäische Fernwanderweg leitet durch ein Waldstück bergauf zur **Ruine Fluhenstein**. Obwohl nur ein paar Minuten vom städtischen Getriebe entfernt, kommt sich der Wanderer hier unter dem betagten Gemäuer vor wie im einsamsten Waldland.

Auf dem Pfad über Viehweiden hinauf zum Weiler **Walten** präsentiert der Grünten mit dem Felskopf der Kreuzelspitze, wie das Burgberger Horn auch bezeichnet wird, seine Sonnenseite. Rückblickend erfreuen uns die Sonthofner Hörner und die Nagelfluhberge. Vom oberen Ortsteil bereichert auch die Oberstdorfer Gipfelwelt die alpine Augenweide. Ja, sogar der kantige

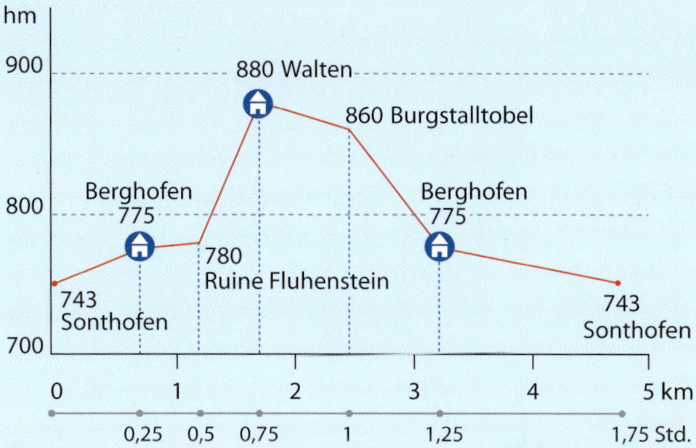

Widderstein aus dem hintersten Kleinwalsertal tritt in Erscheinung. An der Bushaltestelle „Burgstalltobel“ folgen wir einem leicht talwärts führenden Pfad. Bald überrascht der wildromantische **Burgstalltobel**. Die kühl atmende Felsenkluft wurde mittels Holzstegen für Fußgänger passierbar gemacht. Durch Mischwald begleitet uns jetzt der quirlige Berghofer Bach, der durch seine Miniatur-Wasserfälle selbst bei naturmüden Pflichtwanderern helle Begeisterung hervorrufen dürfte. Wieder in **Berghofen**, führt der Erlebniskurs, links in den Burgweg einbiegend, zurück nach **Sonthofen**.

Über dem Sonthofner Stadtteil Berghofen baut sich als Nebengipfel des Grünten das Burgberger Horn auf.

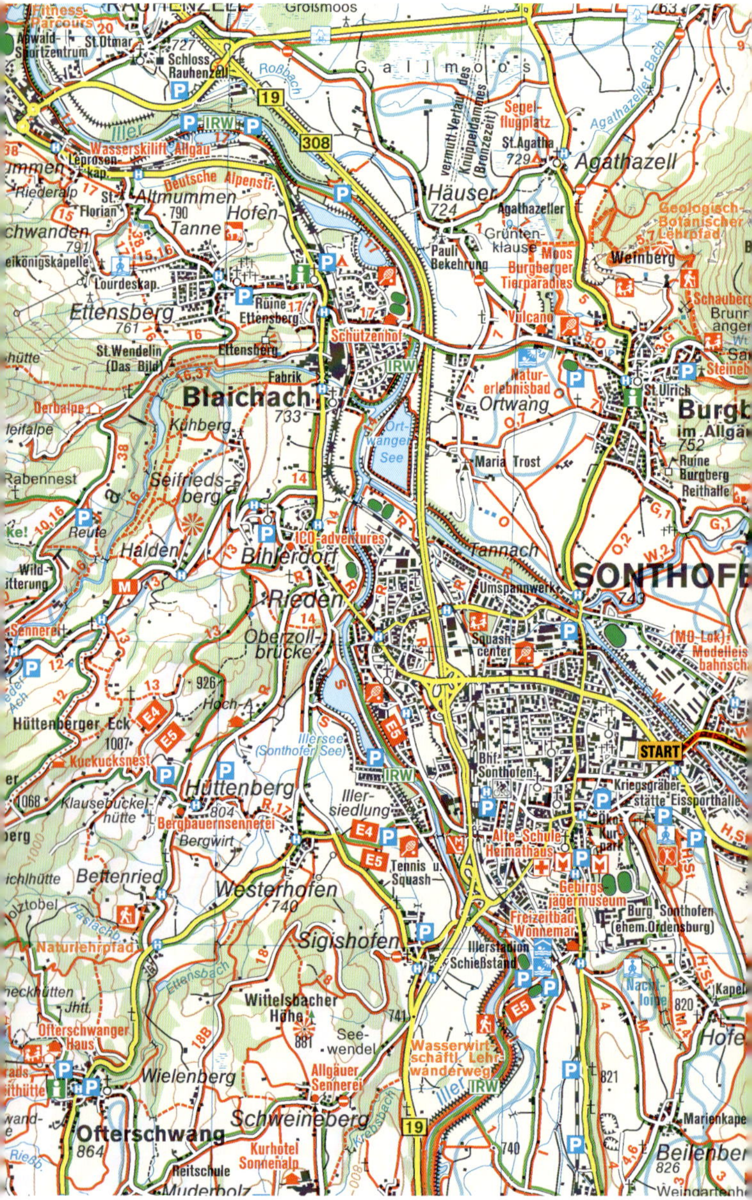

KOMPASS

0 500 m

Gigglstein
Kalkhöf-Sennhütte
1210
Roßberg
Grünten
Übelhorn
1738
Jägerdenkmal
Größte TV-Sendeanlage des BR
Gipfelhaus
Siechenkopf
Grüntenhaus
1572
1535
Zweifelgehren-A
Hühnermoos
1314
Schnecken-
wand
Theresien-
Erzgrube
Roßbergalpe
1372
Dreiangelhütte
Dreiangel-
Diensthütte
1069
Untere
Schwand-
alpe
Geologisch-
Botanischer
Lehrpfad
Stuhlwand
1496
Obere
Schwandalpe
Stollenführungen
Karl-Ludwig u.
Max-Josef-
Erzgrube
1432
Kehralpe
(Eisenerz-Lehrpfad)
Königsstraße
Wolfsbichel
1181
Hochseil-
garten
Höfleweg
Starzlach
1058
Rothmoos
Weiheralpe
Alpen-
blick
Tiefenbacher Wald
Wasserfall
Topfenalpe
901
Ofen-
wald
Auf dem Ried
Berghofer Waldalpe
(Ofenalpe)
Kottersbach
Bläßleskopf
Tiefenbach
1308
Brotzeithütte
1320
Starzlachklamm
Winkel
Schwäbisch-Allgäuer Wanderweg
Augsburg-Sonthofen
1165
Moosrauft
Tiefenbacher Eck
1525
Schießstand
Jhtt.
Bildstöckle
1329
Im Kehr
Weiße Platte
Im Ferchle
Im Rohrach
St.Leonhard
Lenihütte
1098
Schwandeckhütte
Berghofen
775
Oberried
Wickkapelle
1217
Gschwend
Burgstall
Berghofener Bach
Unterried
1044
1123
Leonhardskap.
Hof
Breiten
Teils geteert,
teils geschottert!
Gailenberg
989
Stauffenbichl
Schelmenbach
942
Staig
Burg-
siedlung
St.Nepomuk
Hotel
Allgäu-Stern
Tiefenbach
bei Sonthofen
Riedle
Bad Hi
Sebastianskapelle
881
Vorderhindelang
832
308
Binswangen
Ostrach
Reckenberg
mini-mobil
Deutsche Alpenstraße
Lexenmühle
Burgstall
Margarethen
Großer Bichl
E.-Werk
813
Wald-
festplatz
Hammerschmiede
Tennis-
u. Squashpark
Margarethakapelle
Imberg
Groß
Liebenstein
Schillermoos
Bachholz
Im unteren
Schachen
St.Katharina
923
881
Steinbichel
Bärenbichl
Unterwald
976
Hornbahn
Standort-
Übungsplatz
Blörchachalpe
Löwenbach
Schwarzenbach
Strausberghütte
Burgschrofen

19. Großer Hirschberg, 1644 m, und Spieser, 1651 m

Traum-Blickfänge am Südrand der Voralpen

Ausgangspunkt: Unterjoch/Obergschwend (Gemeinde Bad Hindelang), Bushaltestelle (Parkplatz), 1050 m | **Charakter:** Meistens nur mäßig anstrengender Aufstieg, kurzer steiler Spieser-Abstieg. Teilweise bezeichnete Pfade und gelegentlich feuchte Steige, kleiner wegloser Abschnitt. Etwas Orientierungssinn angenehm | **Einkehr:** Hirschalpe | **Karte:** KOMPASS Nr. 3

Mittel | 9,5 km | 682 hm 682 hm | 4,25 Std.

An der Bushaltestelle in **Obergschwend** zeigt uns der Wegweiser „Spieser" den Auftakt zu der kurzweiligen Zweigipfeltour.

Vom Gasthof „Am Buchl" leitet uns ein Fußweg über die Weißenbachbrücke. Anschließend spazieren wir auf einem Wiesenpfad gemütlich am rechten Schlepplift bergan. Bald verfolgen wir eine deutlich steilere Skiabfahrt.

Die eleganten Felsgipfel des Tannheimer Tals rücken in unser Blickfeld. Nach einem wieder flacheren Abschnitt über Weiden betreten wir auf einem mitunter felsdurchsetzten Steig die locker bewaldete Hochwanne zwischen Jochschrofen und Hirschberg.

Feuchte Stellen sind zum Teil mit Baumscheiben besser begehbar gemacht. Zwischen den letzten Fichten und Buchen, Eschen und Ahorn breitet sich Strauchwerk aus. Über karge Alpweiden erreichen wir den **Steinpasssattel**.

Auf dem Pfad Richtung Spieser über einen kleinen Rücken und den eher gemächlichen Südhang des Hirschbergs ansteigend, weitet sich das Blicksegment zur Zugspitze und über den Hochvogel und die Daumengruppe bis zu den Walsertaler Bergen. Von der unscheinbaren Einsattelung am Spieser gewinnt man in Kürze über einen bequemen Höhenrücken weglos den Gipfelrundling mit Namen **Großer Hirschberg**.

Zurück an der Einsattelung wandern wir auf kurzem Steig ebenfalls ohne Anstrengung an einer Fichtenreihe hinauf zum wenige Meter höheren **Spieser**.

Nun setzt anfangs in südwestlicher Richtung über harmlose Felsstufen der steile Abstieg über den Nordwestrücken an. Der teilweise

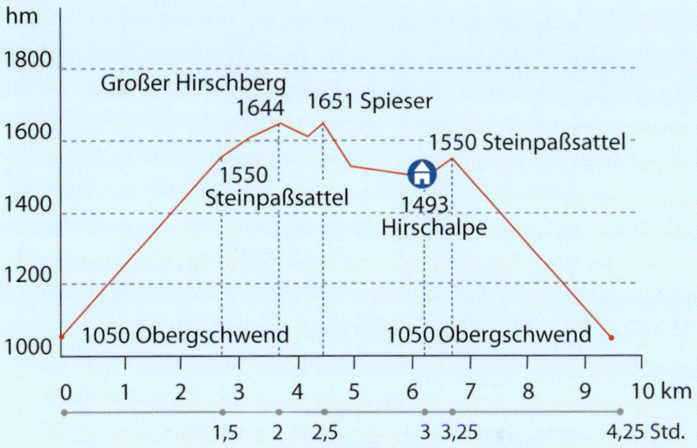

mit Latschen gekleidete Berg zeigt hier seine schroffe Seite. Von der Verzweigung auf einem Weideboden zieht sich ein Pfad auf gleichbleibender Höhe um den Spieser herum zur **Hirschalpe**.

Kurz vor der beliebten Einkehr bietet sich ein prachtvoller Tiefblick auf den Hintersteiner Talkessel. Zwischen zwei Waldflecken müssen wir noch einen kleinen Gegenanstieg bewältigen, dann nehmen wir auf dem **Steinpasssattel** den bekannten Kurs nach **Obergschwend** auf.

Auf dem Europäischen Fernwanderweg E4 zum Großen Hirschberg.

KOMPASS

0 500 m

Hengstberg
Kälberhütte
1339
1576
Roßalpe
985
Zweiländer-Loipe
1199
Alpele
1336
1017 Hintere Sorgalpe
1585
Starzlachberg
Riederberg
Seebad Weg
1053
1636
Sorgs
Zinken
1613
nur für Geübte!
1440
Untergschwend
310
Bären-loch
Im Nessel
Wertach
1485
Zerreralpe
Kälber
Im Neuwald
Unterjoch
1013
Zehrerhöfe
Rehbach
Am Edelsberg
Buchelalpe 1241
E4
M
Hotzenberg
Steineberg
1098
1072
Alpenrose
Drei Täler Radrundweg
1078
1233
In der Bränte
Radwanderweg Tannheimer Tal
START
Am Buch
Obergschwend
1043
1058
Holzenbauer
1086
Weißenbach
Unterm Heigele
Krummenbacher Berg
Geigerbühel
Spieserlifte
Im weißen Grund
Untere-
Krummenbach
Seebad Weg
1091
Moorweiher
E.-Werk
Rundwanderweg Tannheim
1283
Sennalpe
310
Untere Schwandalpe
Obere Schwandalpe
Oberjoch
1175
Vilsfall
Vils-Stausee
1543
Ornach
Oberjoch-pass
1164
E4
Am Schedler
199
Jochschrofen
1625
Deutsche Alpenstraße
Wildgehege
308
Kematsriedalpe
Oberjoch
Hochmoor-lehrpfad
Am Wiedhag
Steig
1066
Sägewerk
Krankenhaus
Erlebnissennerei
Brentenkopf
Alpenhotel
Alpenklinik
Rosenhof
Moorbad
1336
Hintere Wiedhagalpe
Grenzwieslifte
Ruhegebiet im Winter
Steinbruch
Schattwald
1111
Panoramaweg
1136
Wiedhag
Hochpabhaus
Speichersee
Untere Ochsenalpe
Mattlibaus
Wiedhaglifte
1707
Kühgundrücken
Wannenjochbahn
Gsend-alpe
Ochsenbergalpe
1252 Gundalpe
Wannenjoch-stadl
Wiedhagalpe
Iselerbahn (6-er Sesselbahn)
1852
1570
Kühgundspitze (Wannenjoch)
1881
Bergwachtw.
Prinz-Luitpold-Schwefel-Mineralbad
Speichersee
1907
Obere Ochsenberg
1463
Salewa-Klettersteig
Kühgundkopf
Jhtt.
1313
Bad Oberdorf
819
Palmenberg
Iseler
Iseler Platz-Hütte
1600
1876
1802
Obere Stuibenalpe (verf.)
Schleierfall
Palmweg
Naturdenkmal
Bischofsmann
1653
1403
1811
Stuiben-Sennalpe (Mittlere Stuibenalpe)
1707

20. Erlebnis Fernwanderweg E4

Quer durch die Voralpen: In 3 Tagen über 8 Gipfel

Ausgangspunkt: Steibis/Hochgratbahn (Gemeinde Oberstaufen), Bushaltestelle (Parkplatz), 856 m | **Charakter:** Viele, mitunter auch steile Auf- und Abstiege. Lückenhaft bezeichnete Pfade und Steige, Alp- und Wirtschaftswege, kurze stille Sträßchen. Diese **3-Tage-Wanderung** ist etwas für konditionsstarke Bergwanderer. Einige ausgesetzte, drahtseilgesicherte Wegabschnitte erfordern Trittsicherheit, Vorsicht ist bei Nässe geboten! Grenzübertritt | **Einkehr:** Hochgratbahn-Bergstation, in Gunzesried (Übernachtung), Bihlerdorf und Sonthofen, Hirschalpe, in Obergschwend und Unterjoch (Übernachtung), Gasthof Rehbach, Gasthaus Vilstalsäge und in Pfronten | **Karte:** KOMPASS Nr. 3

Mittel | 55 km | 1610 hm 2418 hm | 17,75Std.

Der von den Pyrenäen zum Peloponnes verlaufende Europäische Fernwanderweg E 4 ist ab der Hochgratbahn-Bergstation bis Sonthofen identisch mit dem E 5.

① Auf breit ausgetretener Wanderstrasse steigt man gleich mal dem **Hochgrat** aufs Dach. Vom Regent der Nagelfluhkette folgt der gemütliche Steig mit der schönsten Fernsicht über Molassehöcker dem blumenreichen Grat. Ab der Brunnenauscharte bummeln wir auf einem Graspfad etwas unterhalb des Bergrückens über Weidehänge zum Westgipfel des Rindalphorns. Nach unwesentlichem Abstieg in einen Sattel überwindet ein Steig leichte Felsstufen zum **Rindalphorn**.

Zurück am felsigen Gipfelansatz wandern wir auf dem Pfad Richtung Immenstadt durch eine Hochmulde und über einen licht bewaldeten Rücken zur Gündlesscharte. Nach einem deutlichen, begrünten Kammaufschwung ist der **Gündleskopf** erreicht, den nur eine kleine Einsattelung vom **Buralpkopf** trennt.

Von diesem setzt eine anregende, überwiegend flache Etappe an, über den Oberen Sedererwänden mit einem schmalen und steilen, felsdurchsetzten Gratsteig, zu einem Sattel. Weidehänge schwingen sich dann empor zum rundlichen **Sedererstuiben**. Wenig später gesellt sich der benachbarte **Stuiben** zu unserer stetig anwachsenden Gipfelsammlung.

Nach steilem Steig über einen ausgesetzten Felsgrat mit langem Drahtseil, beachte man nördlich des Grates die Markierung. Die nächste schmale Gratrippe ist wieder mit einem Drahtseil entschärft. Eine Holztreppe bringt uns zu einem weiteren Sattel. Auf dem flachen und teilweise mit Fichten bestockten, wiederholt felsigen Kamm zum **Steineberg** schaltet sich noch eine Zwischenerhebung ein. Man steigt vom kreuzlosen, höchsten Punkt hinunter zum nordseitigen Gipfelwandfuß. Nach einer letzten gesicherten Passage führt ein Alpweg wieder, meist in Gesellschaft des Weideviehs, über die **Vordere Krumbachalp** zur Dürrehornalp und ein Pfad hinunter nach **Gunzesried**. Dort enden der erste Tag und vorläufig auch die E 4-Markierung.

② Die zweite Tagesetappe beginnt mit einem Spaziergang auf der Zufahrtsstraße über die Gunzesrieder Ach und eine Kuppe nach Halden. Dort leitet ein Pfad über Wiesenhänge bergab und mit einer Straßenquerung nach **Bihlerdorf**. Von der Hofackerstraße geht's rechts in die Oberzollbrückestraße. In Oberzollbrücke queren wir den Ettensbach und wandern auf einem Wirtschaftsweg zwischen der Iller und dem Sonthofner See nach **Sonthofen**.

Die zügigste Stadtdurchquerung lautet: nach der Straßen- und Bahnunterführung in die Moltkestraße, beim Bahnhof rechts die

Nagelfluh-Felspartien würzen den Abstieg vom Stuiben.

Bahnhofstraße wählen, an einer Ampelkreuzung geradeaus in die Hirschstraße, am Gasthof zur Traube dem Altstadtring folgen, an der Berghoferkreuzung zum Stadtteil **Berghofen** und hinter der Ostrachbrücke Richtung Walten abzweigen. Nun nehmen wir den wieder mit „E 4“ bezeichneten Wanderweg bergauf durch ein Waldstück mit der Ruine Fluhenstein. In **Walten** steigt ein Mautsträßchen über Wiesenhänge. Man passiert die Weiler Unterried und Breiten sowie die Wickkapelle. Vom **Bildstöckle** leitet ein Pfad über einen meist bewaldeten Höhenrücken zum unscheinbaren **Tiefenbacher**

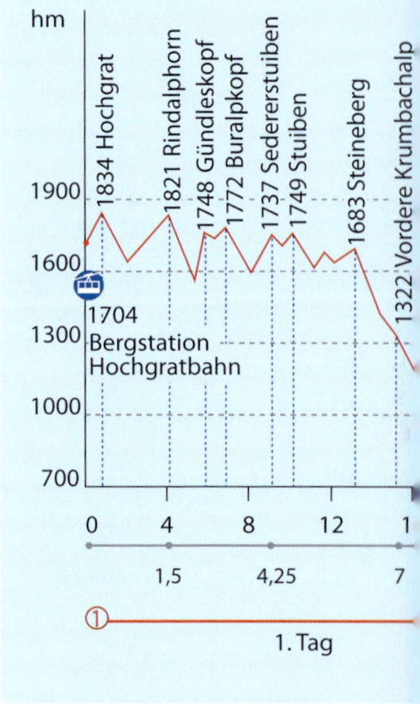

Eck. Auf der Kammhöhe über eine Moorwiese zum deutlich höheren Kreuzgipfel beeindrucken die Hintersteiner Berge.

Vom Absatz bei der wieder im Wald stehenden Karl-Hüller-Hütte erreicht man in Kürze durch eine Mulde den Sattel vor dem Spieser und flach über Viehweiden die **Hirschalpe**. Weiter geht's über den Steinpasssattel und nach einer locker bewaldeten, teils feuchten Hochwanne über eine Skiabfahrt nach **Obergschwend**. Beim Haus Finkeler quert man die B 310, folgt einem Wirtschaftsweg über den Weißenbach und bummelt später auf einem Wanderweg am Wertachufer nach **Unterjoch**.

③ Am dritten Tag folgt der E 4 bei der Kirche dem Anliegersträßchen über Steineberg zur Tiroler Grenze und einem Pfad zum **Gasthof Rehbach**. Nach steilen Waldwegkehren tragen uns die Vilsstege über den hier zweiarmigen Fluss. Danach wandern wir auf einem Wirtschaftsweg, bei der **Kälberhofalp** Richtung Pfronten abermals das Ufer wechselnd, durch eine Talenge hinüber ins Ostallgäu. Die Vils begleitet das beschauliche Finale unter Buckelwiesen zum **Gasthaus Vilstalsäge** und, danach das Ufer wechselnd, zum Bahnhof in **Pfronten-Ried**.

Mit dem Steineberg liegt der siebte Gipfel hinter uns.

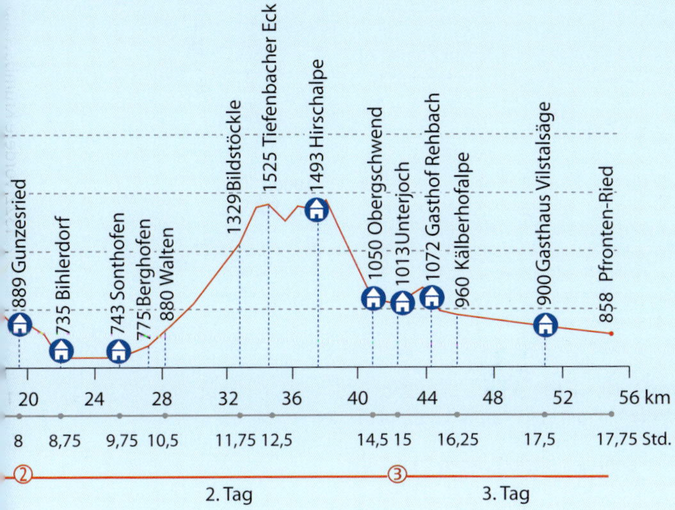

KOMPASS

0 650 m

Drei-Tage-Wanderung

① **Etappe:** Bergstation Hochgrat – Gunzesried 19 km / 8 Std.
② **Etappe:** Gunzesried – Unterjoch 23 km / 7 Std.
③ **Etappe:** Unterjoch – Pfronten 13 km / 2,75 Std.

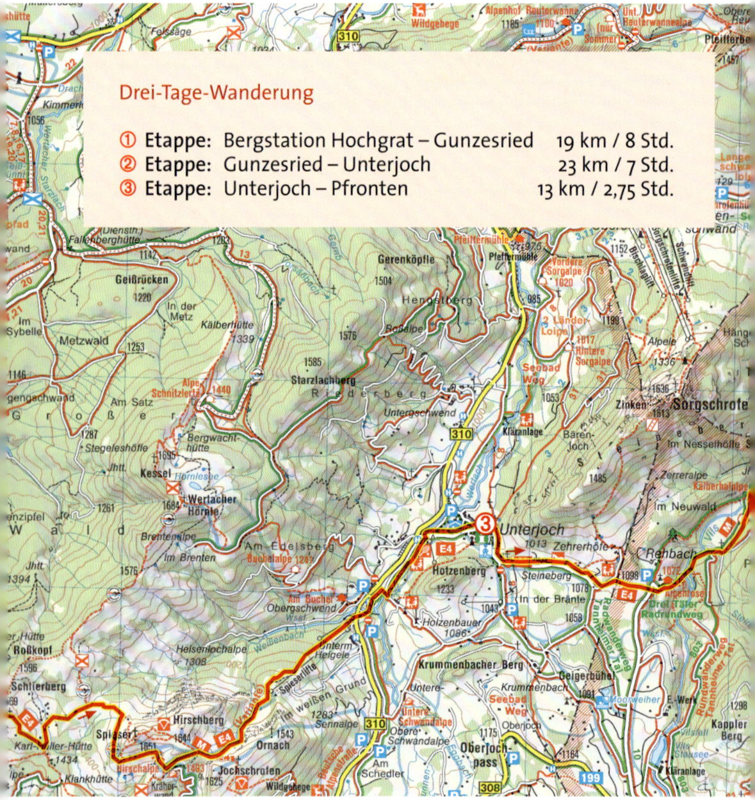

0 650 m

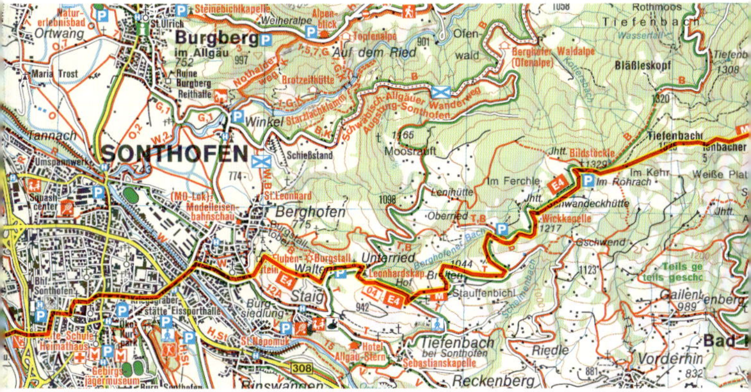

Burgberg
im Allgäu
SONTHOFEN
Berghofen
Ortwang
Maria Trost
Tannach
Winkel
Auf dem Ried
Ofenwald
Bläßleskopf
Tiefenbach
Moosrauft
Im Ferchle
Im Kehr
Weiße Plat
Oberried
Unterried
Staig
Burgsiedlung
Stauffenbichl
Gschwend
Gailenberg
Tiefenbach
bei Sonthofen
Riedle
Vorderhin
Reckenberg
Schwäbisch-Allgäuer Wanderweg
Augsburg–Sonthofen
St. Leonhard
St. Napomuk
Wickkapelle
Bildstöckle
Heimathaus
Gebirgsjägermuseum
Schießstand
308

Röfleuten
Röfleuterberg
Stockenbichel
Halden
Ried
Pfronten
Dorf
ZIEL
Kienberg
Klöckner Wald
Westerkienberg
Ressermändleskopf
Himmelreich
Fallmühle
Zehrholz
Schwarze Wand
Breitenberg
Ostlerhütte
Brenteneck
Seekopf
Aggenstein
Bad Kissinger Hütte
Seewald
Aggenstein-
wiesen
Einsteinhütte
Mittelberg
Einstein
Pirschling
Rehbichl
Wieser Berg
Alter Hof
Wildes Bachtl
Pfrontner Alpe
Schönkahler
Achsele
Auf dem vorderen
Auf dem hinteren
Hölltal
Die schönen Oiben
Unter dem Feuerschrofen
Feuerschrofen
Scheidbachalpe
Drei-Täler-Radrundweg
Maximiliansweg
Vilstalsäge
Schochersäge
Kassaweg
Gundhütte
Scheidbach
Vils
Gseng